Eu nua

Odete Lara

Eu nua

EDITORA ROSA DOS TEMPOS

Rio de Janeiro
2002

CIP-Brasil. Catalogação-na-fonte
Sindicato Nacional dos Editores de Livros, RJ.

L327e Lara, Odete, 1929-
Eu nua / Odete Lara. – Rio de Janeiro: Rosa dos Tempos, 2002.
: retrs.

ISBN 85-01-06305-3

1. Lara, Odete, 1929- – Biografia. 2. Atrizes – Brasil – Biografia. I. Título.

01-1647 CDD – 927.92028
CDU – 92(LARA, O.)

3ª edição, (1ª edição Rosa dos Tempos)

Capa: Victor Burton
Fotos de capa e encarte: Arquivo pessoal da autora

EDITORA ROSA DOS TEMPOS
Um selo da
DISTRIBUIDORA RECORD DE SERVIÇOS DE IMPRENSA S.A.
Rua Argentina 171 – Rio de Janeiro, RJ – 20921-380 – Tel.: 2585-2000

Impresso no Brasil

ISBN 85-01-06305-3

PEDIDOS PELO REEMBOLSO POSTAL
Caixa Postal 23.052
Rio de Janeiro, RJ – 20922-970

EDITORA AFILIADA

É de se esperar que a reedição de um livro, após vinte e seis anos de sua publicação, ganhe uma revisão do autor.

Entretanto, não o faço. Primeiro porque resultaria na perda de autenticidade do original, jorro direto das emoções sem o filtro da racionalidade. Segundo porque, se escrevê-lo foi uma catarse libertadora, voltar a remexer nele agora, ainda que por simples preocupação de escrita, teria o amargo sabor de retorno a um cativeiro do qual consegui escapar.

Se alguma validade o livro ainda possa ter, será como testemunho, como retrato feminino de uma época em que a mulher, para ser livre, se expunha a riscos como os que tive que enfrentar.

Não é sem razão que o movimento feminista tenha surgido àquela época de forma tão contundente. Reconheço hoje que a reação feminista foi apenas uma etapa da emancipação, mas fundamental para desencadear em mim a consciência de que os direitos humanos se situam muito além do gênero, e se estendem a todas as criaturas.

Nova Friburgo, 22 de outubro de 2001

Prefácio à Primeira Edição Publicada em 1975*

Afinal, por que acabei relatando minha vida, devassando-a em todas as minúcias, eu que sempre me abstive de fazê-lo em toda e qualquer conversa ou entrevista — reportando-me apenas a dados de caráter profissional?

O fato é que comecei a relatá-la e depois de haver escrito setenta páginas, deixei-as de lado. Só retornei a elas dez anos depois, quando o cinema, principal campo de minha atividade como atriz, foi esmagado pela Censura do regime militar e me vi sem trabalho, tendo que ocupar o tempo com alguma coisa.

Relato minhas experiências vividas até o ano de 61, momento em que comecei a fazer análise. Foram dez anos de tratamento, o tempo necessário para demolir tijolo por tijolo a antiga construção do meu ser, e reconstruir pedra por pedra o novo edifício de mim mesma.

Creio que só a determinação de me reconceber dentro do ventre da minha própria verdade é que me deu coragem para me expor com a franqueza com que faço aqui.

Foi um processo difícil e sofrido. Mas encontrei no psicanalista, Dr. Ivan Ribeiro, um profissional capaz de enfrentar a complexidade de meus problemas com uma eficiência que nunca me fez duvidar do trabalho que estávamos fazendo.

A partir dessa etapa — em que se deu uma verdadeira revolução dentro de mim, não sei se algum dia falarei por quê, suponho — o que realmente motivou este livro foi o impulso inconsciente de pôr à prova a prescrição do analista que afirmava só ser possível me libertar das dores no passado reprimidas se as revivesse emocionalmente por inteiro.

"Bom, escrever foi uma necessidade. E publicar?", passei a me perguntar. "De que vale dissecar minha vida e expô-la aos outros?"

"Talvez colocando essa coisa para fora, ao invés de escondê-la a sete chaves, como fazia antes, ela nunca mais venha a me incomodar."

"Está bem. Isso tem utilidade para você; e para o leitor?"

Talvez ajude alguém que esteja enredado nos mesmos problemas a ver que não está só e o quanto custa furar o cerco que a sociedade nos arma antes mesmo de termos nascido.

Pode servir também para desmitificar a ilusão que as pessoas têm a respeito das "estrelas" mostrando o que se esconde atrás das aparências.

Terminado o livro, mostrei-o a um amigo, crítico literário. Seu julgamento me derrubou:

— Acho que não deve publicá-lo. O público que não a conhece pessoalmente vai ter uma idéia totalmente errada de você. O livro não mostra o que você é. Deu-me a impressão de estar lendo sobre uma outra pessoa. Uma moça boboca, cheia de preconceitos, queixosa e vingativa.

— Mas eu era assim.

— Pode ter sido, mas não é mais. Pelo menos a Odete que conheço. Além do mais, você usa uma linguagem que não é a sua atual. Você não fala do jeito que escreveu.

— Concordo. Mas acho que usei essa linguagem por ter sido uma "revivência emocional". E, assim, ter me expressado do modo que sentia na época com a visão e linguagem influenciadas pelo cinema, radionovelas e folhetins sentimentais das moças de então. Justamente mostrei o que fui e não o que sou, embora em essência tenha sido sempre a mesma.

— Acho que devia escrever o livro com a sua visão atual. Ou então recorra a um *ghost writer*.

— Como vou recorrer a um outro fantasma, se foi justamente o meu que me obrigou a escrever?

Encerrei o assunto e deixei o livro na gaveta. Depois de um ano resolvi mostrá-lo a Ênio Silveira, da Editora Civilização Brasileira.

— Quero editar já. Vou mandar fazer um copidesque mínimo, só de reparo gramatical. Quero manter tudo da forma que você transmite.

— Mas está mal redigido. Segundo um amigo meu, deveria ser reescrito.

— Não estou interessado no conteúdo literário do que escreveu mas no depoimento que você faz.

Medo. Retomei o livro e trabalhei nele mais um tempo, tentando melhorá-lo.

Confesso que, ao relê-lo, fiquei espantada com a carga de sexualidade nele contida. Mas encontrei explicação para esse fato ao ler um trecho de Norman Mailer, citado no livro *Alma no exílio*, de Eldrige Cleaver:

> "Talvez a classe ociosa se preocupe mais com a sexualidade, mas a classe submetida é que mais mergulha nela. As classes superiores são obcecadas pelo sexo mas contêm

muito pouco dele. Gastam-se muito ao manipularem o poder. Trocam, na realidade, o sexo pelo poder. Restringem, portanto, a sexualidade, ao passo que as classes submetidas têm de tomar seus desejos de poder e desviá-los para o sexo."

Enfim, a coisa toda deu nisso que aí está.

Rio, 2.7.74

*Na edição de 1975, este texto constava do pósfácio.

Qualquer semelhança com pessoas vivas ou mortas que aparecem neste livro não é mera coincidência. Se omito seus verdadeiros nomes, embora revele os verdadeiros fatos, é porque o respeito que tenho pelo próximo me impede de expô-las ao conhecimento do público.

Revelo, todavia, nomes reais de pessoas que cruzaram meu caminho apenas profissionalmente, e de outras, cuja intimidade não devasso.

À memória de
Giuseppe Bertoluzzi,
essa eterna presença, meu pai.

I

Brás. Bairro operário de São Paulo.

Noite de Natal. Ceia da meia-noite, confusão, balbúrdia, algazarra.

Numa pensão, no quarto habitado por mim e meu pai, eu estava só à janela, olhando o céu, os olhos cheios de lágrimas, conversando com a lua e as estrelas.

Tinha então quatorze anos. Desde que meu pai tinha se recolhido a um sanatório, o céu e os astros tornaram-se meus confidentes. Era a eles que me dirigia quando tinha necessidade de desabafar.

Enquanto uma brisa morna parecia querer me consolar, afagando meu rosto, o encantamento era quebrado pelo barulho que vinha da sala, feito pelos outros moradores. Tinha desprezo por aquela gente. Achava todos boçais e insensíveis. Nem mesmo as crianças de minha idade, que viviam na mesma casa, aceitava como companhia para me distrair da solidão. Recusara-me a ficar na sala, arrumada com o pior gosto, no meio daquela gente que vivia se digladiando. Nunca tinha visto entre eles qualquer troca de atenção ou carinho. Sempre que se dirigiam uns aos outros era para se acusarem ou se ofenderem.

Naquele instante, estariam todos em volta da mesa, mastigando a ceia, de boca aberta, como bichos vorazes, produzindo ruídos que me provocavam aversão. A única vez que meu pai me bateu foi um dia em que me encontrava à mesa, jantando com eles. O ruído que faziam ao meu redor, mastigando, deglutindo, chupando o vão dos dentes, foi me provocando uma irritação tão grande que, não me contendo mais, bati com a mão na mesa e perguntei se não eram capazes de comer sem fazer tanto barulho.

Minha audácia provocou um silêncio que só foi quebrado pelo estalo da bofetada que meu pai me deu no rosto. Desse dia em diante, passei a comer sozinha, no meu quarto ou na cozinha.

Meu pai! Amava-o. Era a única pessoa com quem gostava de estar. Era inteligente, bonito, sensível, o oposto daquela gente. Minha admiração por ele era incondicional. Tudo que fazia me parecia nobre, perfeito. Sofria por ele. Queria que tivesse a vida que merecia e não a que levava.

De minha mãe, lembrava-me de maneira inexplicável. Tinha seis anos quando ela morreu. Morreu não era bem o termo; era preciso ter coragem de admitir a verdade, que sempre evitava encarar: suicidou-se. Não queria aceitar esse fato nem em pensamento, sentia vergonha por ela ter se matado, e de maneira tão feia.

Tinha horror de lembrar que, depois de sua morte, ouvira inúmeras vezes as pessoas comentarem em voz baixa: "É a filha daquela mulher que se atirou no poço, coitada." Sempre que lembrava disso, um amargor apertava minha garganta.

Fazia força para afastar essas lembranças, mas elas sempre me voltavam à cabeça nas datas festivas: nos aniversários, no Natal, no primeiro dia do ano, na Páscoa.

Carregava a preocupação constante de esconder das colegas de escola o suicídio de minha mãe; já bastava o constrangimento que sentia quando observava alguém se penalizar por eu ser órfã.

Não sabia direito que espécie de sentimento tinha por ela, ou melhor, não queria saber, por medo de pecar. Mas desconfiava que nunca tinha gostado dela. Continuava a rezar por ela em obediência ao meu pai, para não ser castigada por Deus mas, na verdade, não tinha saudade dela. Seria por ter me envergonhado perante os outros praticando aquele ato? Seria por ter me abandonado? Seria por julgá-la inferior ao meu pai? Ou porque repartia o amor dele comigo?

Lembrava, vagamente, de uma tarde em que ela me mandara procurar, longe de casa, uma chave perdida no caminho. A noite já estava caindo quando meu pai, voltando do trabalho, se espantou ao me encontrar sozinha na estrada, àquela hora. Pegando-me pelo braço não escondeu sua indignação por aquela imprudência. Ao chegarmos em casa, por mais que quisesse escutar, não consegui ouvir o que discutiram na sala, de porta fechada, porque jamais levantavam a voz. Mas em mim ficou uma vaga desconfiança de que ela teria desejado que eu me perdesse.

Morávamos, nesse tempo, numa pequena casa própria, com grande terreno, num subúrbio de São Paulo. Meu pai saía de madrugada para a estação a fim de tomar o trem que o levava até a cidade, onde trabalhava numa indústria têxtil.

Minha alvorada era ao anoitecer, quando sua presença, ao voltar do trabalho, parecia tudo iluminar. Eu vivia em função dessa hora.

Durante o dia, fazia os exercícios do grupo escolar, procurando sempre acertar para não perder a recompensa de brincarmos juntos, depois do jantar, quando ele conferia as lições: se aprovadas, podia montar a cavalo em suas costas, saltar, rodopiar, virar cambalhotas apoiada por ele. Ficava enfurecida quando minha mãe nos interrompia para me fazer dormir.

Aos domingos, quando ele ficava em casa, distraía-me trepando nos galhos de uma imensa goiabeira, aguardando ansiosa o assovio característico que usava para me chamar a distância.

As únicas pessoas que apareciam por lá eram meu tio Paulo, irmão de minha mãe; D. Lina, minha madrinha de batismo; e D. Amália, minha madrinha de crisma, que morava perto, num pequeno sítio.

Procurava fugir à lembrança da noite em que minha mãe se matou. Tinha seis anos de idade, mas cada detalhe dela ficou gravado com tamanha nitidez, como se minha percepção tivesse desdobrado seu alcance para torná-la indelével.

Era raro meu pai chegar tarde em casa. Nessa noite, esperei longo tempo que viesse verificar as lições, mas minha mãe me fez desistir da espera. Me pôs para dormir, dizendo que seria inútil esperar, porque ele estava na cidade, falando com um médico sobre a saúde dela. Antes de deitar vestiu-me a roupa de dormir e me fez fazer o sinal-da-cruz, diante do quadro do anjo da guarda, na minha cabeceira. Para que eu dormisse, em lugar de contar as histórias de sempre, de anjos, de santos e de milagres, ela contou-me a história de um rio de sangue e de pus. Num momento em que abri os olhos, vi sua fisionomia tão estranha que perguntei por que estava assim. Ela não respondeu. Sorriu e passou a mão na minha cabeça com intenso carinho.

Adormeci. Não era hábito meu acordar durante a noite, mas despertei, como se tivesse sido sacudida violentamente. Num sobressalto sentei na cama, alerta, sem passar por aquele breve período que liga o sono à lucidez. Vi a cama deles, ao lado da minha, vazia. Nem tinha sido desfeita. Alarmada, chamei por minha mãe, mas não houve resposta.

Levantei-me continuando a chamar por ela, andando com cautela, como para evitar algo terrível que meu instinto pressentia. Havia uma luz pálida na sala. Fui até lá e, diante de uma vela num canto do chão, vi o quadro de Cristo Crucificado, que sempre estava na sua cabeceira. Impressionada, me ajoelhei diante da imagem e, enquanto fazia o sinal-da-cruz, vi uma aliança no pires que continha a vela. Assustei-me: era a confirmação de que algo terrível estava acontecendo. Mas não sabia o quê. E meu pai, onde estava? Saí correndo até o quintal e penetrei na escuridão da noite, gritando por ela. Mas só ouvia o eco da minha própria voz. De repente, tive a consciência de que era um ser indefeso, abandonado enquanto dormia, numa noite escura. Provei a sensação do medo que até então desconhecia. Caí num pranto desesperado, sem saber o que fazer. Perscrutava o ruído da noite que crescia à medida que os minutos passavam.

Algum tempo depois, começaram a surgir ruídos de passos. Pessoas se aproximavam e, entre outras vozes, ouvi a de meu pai. No grupo vinha também minha madrinha Amália e mais algumas pessoas das redondezas, todas transtornadas. Pela conversa, percebi que meu pai já tinha esta do em casa enquanto eu dormia e, não encontrando minha mãe, tinha ido até a casa de minha madrinha procurá-la.

Daí em diante lembro-me confusamente de que as pessoas começaram a buscá-la, por todos os lados, até que alguém percebeu a tampa do poço aberta — e fui retirada de perto. Ouvi falar em bombeiros. No dia seguinte acordei na casa de uma vizinha, onde nunca tinha estado. As pessoas me olhavam com ar de piedade e inventavam histórias para explicar que eu não veria mais minha mãe. Perguntei por meu pai. Ele estava na cidade tomando providências urgentes, disseram. Só apareceu no dia seguinte, abatido, e, junto com meu tio Paulo, me levou até nossa casa. Com poucas palavras — ele nunca falava além do necessário — explicou que ia fechá-la e que, mais tarde, talvez a alugasse.

Abriram o armário e gavetas recolhendo as roupas e objetos de minha mãe. Carregaram tudo até à beira do poço e começaram a atirá-las para dentro. No amontoado de roupas, vi uma blusa de malha que sempre invejara. Tinha sido presente de meu tio para ela. Além da macieza do tecido e do desenho harmonioso em cores pastel, o que me atraía nela era também o cheiro: um cheiro bom, fino, que sugeria um tipo de coisa agradável, rica, ainda desconhecida para mim. Havia mais dois vestidos que também me atraíam pela qualidade do tecido e pelo mesmo cheiro. Tinham pertencido a uma mulher a quem meu tio servia como motorista. Cheguei a pensar uma vez que, se as roupas de minha mãe tivessem aquele cheiro e tato, talvez gostasse mais dela. Quis pedir que me dessem a blusa, mas me contive. Semelhante desejo àquela hora me pareceu um pecado imperdoável.

Depois de fechar a casa, meu pai me levou até à casa da madrinha Amália, a um quilômetro de distância, dizendo que eu ficaria lá até que ele resolvesse a nossa situação.

Assim, me vi longe dele, quando mais necessitava de sua presença. Desde então, comecei a me sentir uma pessoa diferente. Olhavam-me de maneira diversa das outras crianças. Quando não por curiosidade, por compaixão. Ou como um possível transtorno.

Comecei a nutrir remorsos pela morte de minha mãe. Sentia-me culpada por lhe ter sido desobediente, e menos afável do que com meu pai. Teria percebido que não a queria tanto quanto a ele? Talvez não fosse só eu a culpada por seu desgosto: descobri — ouvindo, escondida, a conversa dos adultos — que ela estava gravemente doente. Quando perguntava a meu pai a respeito da doença dela, ele mudava de assunto. Fazia o mesmo quando lhe perguntava se tinha avós: dizia que sim, mas que viviam no estrangeiro. Não entendia por que todas as crianças tinham parentes e os meus, além de não os conhecer, se evitava falar sobre eles.

Meu pai passou a me levar periodicamente a um médico especialista na cidade. Foi fácil perceber que queria se certificar se não era hereditária a doença de minha mãe. Ao fim de algumas consultas, o médico disse ser desnecessária tanta preocupação. Deduzi que sua doença devia ter sido mesmo grave. Tinha ouvido, às escondidas, depois de sua morte, algumas mulheres comentarem que o seu mal exigia isolamento e que, talvez, ela não tivesse se conformado com isso. Uma delas falou a palavra *morfética,* seguida de um sinal-da-cruz. Compreendi, então, a razão das estranhas placas avermelhadas que havia no corpo de minha mãe. Tivesse sabido antes que era doente, teria me comportado melhor com ela.

II

Quando meu pai resolveu me pôr no internato de freiras que havia na região, implorei que desistisse da idéia e me levasse com ele. Mas ele explicou que não podia me levar ainda, pois eu não tinha idade para ficar sozinha enquanto ele estivesse trabalhando.

O aspecto sombrio do internato já tinha me impressionado quando o vira de longe, através da janela do trem. Era um casarão grande, cinzento e triste, isolado numa planície elevada.

Dentro dele tudo me transmitia desumanidade e desolação: o rigor das salas de aula, o aspecto austero das paredes, o desconforto dos móveis, a rudeza do chão, a nudez dos corredores. Sentia-me como numa prisão entre estranhos. Investigava atentamente, na expressão do rosto de cada menina, se alguma estaria sentindo a mesma angústia desesperadora que eu, mas em nenhuma conseguia descobrir sinal algum que demonstrasse a mesma ansiedade de calor humano que havia em mim. E isso me fazia sentir ainda mais só.

As freiras eram frias e distantes e, quando me davam alguma atenção, sentia seus gestos como mecânicos.

O dormitório era um salão imenso, com muitos leitos enfileirados, uma freira dormindo junto à porta de entrada e outra à porta de saída, para nos vigiar.

Assim que o sol se escondia, as meninas deitavam-se automaticamente, e o salão mergulhava nas sombras. Sentia-me perdida, sem possibilidade de me agarrar a qualquer coisa que me tirasse daquele desespero desolador. Que inveja o sono delas me causava! A escuridão era abrandada por uma pequena lamparina, colocada à frente de um crucifixo, que espargia sua luz sobre o branco das colchas cobrindo os corpos adormecidos.

Observando esse quadro, eu chorava baixinho, sufocando os soluços contra o travesseiro para não despertar ninguém. No começo, quando uma das freiras despertava com os meus soluços, eu recebia um breve alento, mas, depois de perceberem ser inútil tentar me consolar, passaram a me ameaçar com castigos. A hora de acordar era às cinco da manhã. Por mais gelado que estivesse o tempo, éramos obrigadas a tomar ducha fria sem tirar a camisola do corpo.

Na noite em que recebi roupas novas de cama, enviadas por meu pai, deitei-me agarrada a elas, buscando absorver assim um pouco de sua presença. Saber que aquelas roupas tinham sido tocadas e olhadas por ele me fez dormir consolada. Passado esse breve consolo, recomecei a chorar sem parar, e a recusar alimentos, o que me acarretou castigos. Mas qualquer punição era menos penosa que o meu desespero.

Nas rápidas visitas de meu pai, aos domingos, sorvia avidamente sua presença, pedindo sempre que me tirasse dali. Numa dessas ocasiões, ao se esgotar a hora da visita e mãos estranhas começarem a me arrancar dos braços dele, soltei um grito tão lancinante que, por alguns instantes, todos ficaram paralisados. Quando me agarraram novamente, me atirei contra o chão, berrando e me debatendo. Por um segundo, consegui me desvencilhar e me agarrei às roupas de meu pai como um náufrago. A cena convenceu meu pai da gravidade do meu estado, e ele não teve outra alternativa senão me tirar de lá.

Foram dias negros que me marcaram profundamente.

III

Fui, então, confiada à minha madrinha de batismo, que tinha sido amiga íntima de minha mãe, porque, segundo meu pai, eu teria a companhia de seus três filhos, todos mais ou menos da minha idade.

A casa era ampla, cercada por um grande terreno, com um pomar e muitas plantações de verduras. Ficava no subúrbio, uma estação mais distante da nossa.

Madrinha Lina era terna e doce. Dava-me bastante atenção, mas eu percebia que o amor que dedicava aos filhos era diferente daquele que me dava.

Lá, embora me sentisse em liberdade e as pessoas me transmitissem calor humano, com o decorrer do tempo, assistindo à constante troca de afeto entre meus companheiros e os seus pais, me sentia inferiorizada. Não podia fazer o mesmo com meu pai, a não ser em breves momentos aos domingos. Achava meus companheiros superiores a mim porque, além de receberem tanto afeto, tinham grande variedade de brinquedos, ao contrário de mim, que nunca os tivera. Disfarçava meu despeito, fingindo indiferença por brinquedos.

Uma vez, vendo-me sozinha, peguei uma boneca que há muito tempo me tentava. Fui surpreendida por uma companheira, que me fez exatamente a pergunta que evitava ouvir:

— Por que você não tem uma boneca?

— Porque não gosto — respondi, pondo-a de lado.

— Então por que pegou nela?

— Achei o cabelo dela esquisito e queria saber do que era feito.

— Se você não gosta de boneca, por que não tem outros brinquedos?

Fingi não ouvir mas a menina insistiu:

— Teu pai não te dá?

— Não dá porque não gosto de brinquedo de menina, por isso.

Culpava a mim própria, antes que culpassem meu pai. Para convencer à menina e a mim mesma que era verdade o que tinha dito, passei, a partir de então, a demonstrar interesse só pelos brinquedos de seu irmão.

Atribuía meu infortúnio — comparado ao privilégio deles — a um castigo pela sensação de alívio que sentira logo após o suicídio de minha mãe, pensando ter conseguido meu pai só para mim. E como uma comprovação do meu estigma, o contraste da aparência física entre mim e meus companheiros: eles, como a maioria das crianças que conhecia, eram morenos, de olhos e cabelos escuros, ao passo que eu, por ter olhos e cabelos claros, era, muitas vezes, chamada de *gata* ou *ruça*, o que para mim tinha significado depreciativo. Guardei outras vagas lembranças desse período, como a sensação que tive, um dia, de que o anjo da guarda, que tanto minha mãe me ensinara a venerar, realmente existia. Isso porque, à saída da escola, fui brincar com outras crianças num morro por perto; quando rolei por ele, meu corpo parou exatamente à beira de um precipício. Ao me dar conta da altura de que teria caído, meu coração disparou. Achei que me salvara da queda por interferência divina.

Lembro-me também de que, muitas vezes, à tarde, depois de catar gabirobas, araçás e outras frutas silvestres, ia sozinha até à estrada de rodagem, que passava a alguma distância da casa; sentada à beira dela, ficava admirando o movimento dos carros, que passavam velozes, espalhando pedregulhos no caminho. Fui levada a outro lugar, quando meus padrinhos tiveram que mudar da chácara para uma pequena casa.

IV

Voltei a viver na casa de madrinha Amália e continuei a estudar no mesmo grupo escolar que freqüentava quando minha mãe ainda era viva.

Madrinha Amália vivia com seus cinco filhos adultos e o marido. Sua casa tinha várias dependências. Num dos quartos dormiam ela numa cama pequena, dois filhos numa cama de casal, e noutra pequena, eu.

Sentia-me uma intrusa, porque não havia espaço apropriado para mim na casa, e percebia que os rapazes se sentiam tolhidos com a minha presença.

Sua única filha era casada e morava ao lado, com três filhos mais ou menos da minha idade: Elisa, Roberto e Sérgio, que se tornaram meus parceiros constantes.

O terreno da casa era imenso. Havia um pomar na área da frente, um grande cercado ao lado, que formava um galinheiro, com separação para coelhos; na parte de trás, havia plantações de verduras e diversos estábulos para cabritos e porcos. Nos fundos, onde terminava o terreno, passava um riacho onde lavavam roupa.

Minha madrinha, imigrante espanhola como seu marido, era muito envelhecida para sua idade. Tinha o cabelo já todo branco e a pele do rosto ressequida pelo sol, encarquilhada. Andava sempre descalça e seus pés eram recobertos de uma casca grossa e rachada. Passava o dia inteiro preparando comida, arrumando a casa, lavando e passando roupa, tirando água do poço. O marido, mais velho que ela, passava o dia capinando numa horta que tinha comprado por perto.

O tempero de sua cozinha tinha um sabor delicioso. Aos domingos, preparava pratos especiais, mas nada era comparável à delícia do seu feijão com arroz e torresmo diário.

Domingo era o único dia em que, depois de servir a todos, ela também se sentava à mesa, com o marido e os filhos. A mesa era comprida, de madeira tosca, com bancos laterais de pau inteiriço, ocupando um grande espaço da cozinha ampla com fogão a lenha.

Aos domingos, as atenções se voltavam para mim, quando, à mesa, meu pai perguntava sobre os meus feitos durante a semana. Sentia-me orgulhosa por estar ao seu lado mas, ao mesmo tempo, constrangida por ser a única criança entre aqueles homens, que eu sentia como estranhos, apesar de conviver intimamente com eles. Para encobrir meu pudor, procurava me comportar como adulta. Mas meu embaraço só se desfazia quando, terminada a formalidade do almoço, todos se dispersavam.

Durante a semana esses homens, filhos de minha madrinha, passavam o dia inteiro fora, só regressando à noite, para o jantar. Quando acontecia de, num domingo ou feriado, meu pai não comparecer, eu me sentia terrivelmente enciumada quando, à tarde, eles se punham a brincar com Elisa, Roberto e Sérgio, seus sobrinhos. Enchiam-nos de carinhos, enquanto eu, embora morasse lá, era tratada com certa distância, talvez por culpa minha, que temia importuná-los.

Sentia-me duplamente excluída: pelos adultos, que me ignoravam, e por meus companheiros, entretidos uns com os outros. Tinha inveja especialmente de Elisa, que era a mais festejada. Arquitetava então o plano de, um dia, vingar-me dessa exclusão.

Contudo, durante a semana, após as aulas, passávamos o tempo todo juntos, pelos campos, formando um grupo muito unido. Nas nossas constantes brincadeiras, descobrimos o sexo. A primeira constatação foi quando, ao brincarmos num balanço pendurado numa goiabeira, queríamos nos balançar todos ao mesmo tempo. A solução que encontramos foi montar, um atrás do outro, sobre a tábua do balanço.

Roberto, três anos mais velho do que eu, montou atrás de mim e Sérgio, o mais novo, atrás de Elisa. Enquanto nos balançávamos, senti uma sensação estranha, que percebi existir também em Roberto. Tornamo-nos cúmplices. Daí em diante, sempre que brincávamos, procurávamos um motivo para nos aconchegarmos um ao outro. Nessas novas brincadeiras, Elisa era a parceira constante de seu irmão Sérgio e eu de Roberto.

O cheiro do mato e dos animais me provocava sempre uma sensação indefinida, que encontrava ressonância agora, quando brincava com Roberto de marido e mulher.

Às vezes, acompanhava minha madrinha e sua filha quando iam lenhar longe, em campos baldios. Achava o mato excitante: o cheiro da terra, o vigor das plantas, das árvores, a exuberância das flores silvestres me faziam sentir que era fêmea. O mesmo acontecia quando via os animais. Mas, quando um cavalo e uma égua se achegavam, não tinha coragem de presenciar a cena até o fim por pudor ou por medo que me surpreendessem olhando. Contentava-me com o início, que era belo e excitante.

Quando a tarde começava a cair, ia até o fundo da chácara para ficar olhando a limpidez do riacho e o espetáculo que o sol oferecia ao se esconder atrás da colina. Ficava ali sentada contemplando a natureza.

Quando me sentia triste, também ia até lá. Criara amor a determinadas árvores. Ficava longo tempo vendo a transparência do riacho e não entendia como sua água podia ser tão cristalina se tanta roupa suja era lavada nela. Imaginava que, se um dia meu pai morresse, eu queria morrer também, e deixar meu corpo flutuar naquelas águas.

Só saía do meu deslumbramento quando o ruído dos bichos aumentava com o anoitecer. Chegava em casa com os lampiões e as lamparinas de querosene já acesos. Fazia algumas lições na mesa da cozinha, enquanto via a silhueta de minha madrinha contra as labaredas do fogão a lenha, preparando o jantar.

Logo mais chegaria seu marido e os filhos, jantaríamos todos e se acabaria mais um dia.

V

Não era preciso me esforçar muito para ir bem nos estudos. Tinha muito poder de assimilação e alcançava facilmente os primeiros lugares. Freqüentar o grupo escolar me dava o prazer de conviver algumas horas com a nova professora que me fascinava. Era bonita, vestia-se e falava de forma inteiramente diversa das mulheres que eu conhecia. Enquanto se movimentava nas aulas, eu ficava atenta, observando sua elegância, a textura aveludada de sua pele, a originalidade de suas roupas, a delicadeza de seus gestos. Alimentava a fantasia de que, um dia, ela me tiraria de lá para viver ao seu lado, para me ensinar a ser igual a ela, quando crescesse. Ser correspondida em meu afeto, já era um consolo. Ela parecia me compreender e não me ver apenas como criança. Dirigia-se a mim com atenção e carinho.

Quando o grupo escolar organizou a primeira comunhão das alunas, meu pai encomendou na cidade um vestido para eu usar na ocasião. Senti orgulho de estar com uma roupa tão bonita, que me destacava das demais.

Uma das meninas comemorou a comunhão, oferecendo uma festa em sua fazenda. Alegrei-me com a chance de conhecer por dentro aquela propriedade, por cujo portão passava todos os dias em direção ao grupo escolar. Tinha curiosidade de conhecê-la porque lá vivia a moça que Luís, um dos filhos de minha madrinha, namorava. Eu alimentava uma paixão secreta por Luís. Talvez, por isso, sentia aquele ciúme mortal quando ele brincava com Elisa.

Enquanto as meninas se serviam nas mesas postas no quintal, eu não perdia de vista a noiva de Luís. Queria adivinhar por que razão ele a escolhera. Não era bonita, mas muito desembaraçada e alegre. Segundo comentários de adultos, tratava-se de moça de má conduta, sem recato. Mas eu tinha certa admiração por ela. Invejava sua expansividade e despudor. Na verdade, gostaria de estar em seu lugar, para fazer o que desejasse sem medo dos outros. Ficava imaginando o que Luís faria a sós com ela, e punha-me em seu lugar.

Depois da festa, meu pai me levou à cidade para tirar o tradicional retrato de primeira comunhão. Provei uma felicidade extraordinária nos dias que fiquei em sua companhia. Levava-me à casa de seus amigos, para mostrar seu "tesouro", como habitualmente me chamava. Quando vi o retrato, fiquei espantada por parecer bem nele.

Mais crescida, procurava algo mais do que simplesmente brincar com meus companheiros. Sentia vontade de saber, aprender, descobrir, de encontrar respostas, enfim, para minhas indagações. Comecei a freqüentar o sítio vizinho ao de minha madrinha, depois de fazer amizade com Margarida, filha da proprietária, já mocinha, que não era vista com muito bons olhos. Diziam que não era direita porque falava com os homens. Como no caso da noiva de Luís, sempre sentia mais afinidade com as pessoas que não seguiam a regra normal. Tinha curiosidade de conhecê-las na intimidade. Gostava de fazer lanche com Margarida, porque sua casa era mais rica do que a de minha madrinha. A sala de estar era enorme, confortável, o chão reluzente, os móveis sólidos. Lá me sentia acolhida.

Margarida mostrava-me os livros que havia na estante, na maior parte romances da literatura brasileira. Eu passava as tardes na sala, folheando livros. O primeiro que li foi *Senhora*, de José de Alencar. Ficava maravilhada com os trechos que narravam amores proibidos e punha-me sempre na pele das heroínas. Lia e relia as cenas que descreviam essas passagens. Eu me encontrava nos livros, porque neles havia a ressonância que faltava nas pessoas que me rodeavam. Nas minhas divagações, sempre imaginava que haveria de ser uma mulher bela e fascinante como aquelas heroínas, e que faria do amor a minha bandeira. Jamais me imaginava na pele daquelas mulheres das redondezas, pobres camponesas, conformadas com o trabalho que lhes impunham, casadas e cheias de filhos, maltratadas e desinteressantes. Todos os casais que conhecia por lá tratavam-se com desamor. Não compreendia por que tinham tantos filhos.

O único casal em que percebia amor e sensualidade era em Luís e sua noiva, que não tinham se casado ainda.

Eu haveria de me ligar a um homem diferente dos daquele ambiente pobre e medíocre. Sonhava mostrar um dia àquela gente que eu era superior, apesar de morar em casas alheias. Não me conformaria em viver ali para sempre, onde nada evoluía.

Elisa apenas começava a ficar mocinha e já os adultos queriam dominá-la pondo-lhe na cabeça a idéia de casar o mais cedo possível com um rapaz direito, trabalhador e ter muitos filhos. Até ela, que eu julgava adiantada, já se inclinava a aceitar a rotina daquele subúrbio. Meu inconformismo era tanto que, apesar de criança, tinha a sensação de ser a única pessoa capaz de raciocinar ali.

Margarida me convidou para a festa de noivado da irmã mais velha, em sua casa. Ao fim do baile e da ceia, os casais espalharam-se pela relva do pomar. Quando Margarida foi dormir, sentei-me sozinha no gramado e, encostada numa árvore, fiquei observando a beleza do luar, enquanto ouvia a voz de alguém cantando ao violão. Uma sensualidade lânguida se espalhou pelo meu corpo quando vi a silhueta dos casais se acariciando. Tive desejo de estar junto de um homem. Embora não passasse de uma criança, já me sentia mulher.

VI

Já quase no período da adolescência, meu pai me levou para viver com ele na cidade. Instalamo-nos num quarto, com cozinha e banheiro, construído no fundo de um quintal, a alguns quarteirões da fábrica onde ele trabalhava.

A proprietária da residência, em cujo quintal habitávamos, era uma moça recém-casada. Tentava pacientemente me fazer interessar pelos trabalhos caseiros. Orientada por ela, com muito sacrifício, conseguia preparar o almoço que levava numa marmita para meu pai. Da mesma forma que incumbiu essa moça de me ensinar tarefas domésticas, ele me fez freqüentar um curso de corte e costura, pelo qual também não tive nenhum interesse.

Foi nessa época que, pelos olhares dos homens na rua, percebi que o aparecimento de meus seios já estava sendo notado através do vestido. Por pudor, principalmente de meu pai, enfaixava-os, até fazer desaparecer a protuberância.

Era estranho que, tendo sempre desejado viver com meu pai, agora que o conseguira, sentia certo mal-estar em nosso convívio. Era por causa do meu desenvolvimento físico. Fiquei contente quando soube que nos mudaríamos para uma pensão. Assim ia ficar livre desse constrangimento e não teria que fazer nenhum trabalho doméstico.

Desse curto período, guardei o cheiro de tinta fresca, que recendia das paredes recém-construídas. Aquele cheiro me parecia característico das casas prontas para serem habitadas por recém-casados. Talvez por viver lá com ele, como se fôssemos um casal, é que esse cheiro me provocava um mal-estar indefinível.

Assim vim parar na pensão. Mas, desde que nos mudamos para ela, fora o convívio com meu pai, só me sentia bem na escola, onde as colegas não me davam a mesma sensação de inferioridade que as crianças da pensão, por serem humildes e seus pais trabalharem em fábricas.

Embora meu pai também trabalhasse em fábrica, julgava-o superior, pois sua atividade não era braçal. Tê-lo visto no trabalho, sentado a uma escrivaninha, significou para mim prova de sua superioridade. Assim também a sua caligrafia perfeita. Terminado o grupo escolar, matriculei-me na Escola de Comércio do bairro, onde faria ao mesmo tempo o ginásio e o curso de contabilidade. Não me agradava a idéia de vir a ser contadora, mas não ousava contrariar meu pai, que via nessa profissão um meio seguro de me garantir o futuro.

A matrícula na escola de comércio me trouxe de volta um problema que me perturbava desde que havia começado a freqüentar escolas: sempre que apresentava a certidão de nascimento, perguntavam-me por que ela trazia o sobrenome de minha mãe e não o de meu pai. Embaraçada, calava-me sem jeito de explicar o motivo. Diante do meu silêncio voltavam a examinar a certidão até que, olhando-me com ar de malícia, diziam a frase que me enchia de vergonha:

"Ah, você é filha ilegítima." Desde que tinha ouvido pela primeira vez essa expressão, procurei saber seu significado. Mas só depois de inúmeras investigações foi que consegui saber que "ilegítimo" significava ser filho de pais não casados.

Continuei minha investigação e consegui descobrir que meu pai, antes de se ligar à minha mãe, já era casado na Itália e tinha um filho. E minha mãe também já era casada, e com um filho. Fiquei perplexa quando soube que possuía dois irmãos.

O tom com que me foram revelados esses fatos confirmou minha suspeita de que aquilo era vergonhoso. A certidão representava a prova concreta disso. Decidi então, eu mesma, me livrar da pecha, sem revelar meu plano a ninguém, depois de ter apurado que o homem de pasta, que passava todos os dias diante de meu portão, era um advogado.

Vi nele uma possibilidade de salvação. Passei dias e noites arquitetando o modo de pedir-lhe que descobrisse uma lei que me permitisse obter o sobrenome de meu pai. Às vezes desistia da idéia, supondo que, de posse do meu segredo, em vez de me ajudar, viesse a me envergonhar ainda mais, proclamando-o ao mundo.

Palpitando de emoção, me debrucei um dia à janela, à espera de que surgisse no fim da rua. Ao avistá-lo ao longe, antes que alguém por perto pudesse vê-lo, saí correndo em sua direção.

Surpreendentemente, consegui expor-lhe o problema com segurança e clareza, ao contrário da atitude vacilante e tímida, que assumia sempre que minha certidão era examinada por alguém. Embora estranhando o fato de estar sendo abordado daquele modo por uma menina, que exigia absoluto sigilo, o advogado prometeu estudar o problema.

Vivi uma semana de expectativa, até que recebi, decepcionada, resposta negativa. Havia uma nova lei que dava direito ao filho ilegítimo de obter o nome do pai, mas só era aplicável a partir da data recente em que fora criada.

Enterrei o assunto, como quem esconde um crime, evitando falar de minha origem com qualquer pessoa. Consolava-me considerando que, se não tinha o nome de meu pai, tinha ao menos sua presença. E sua presença era algo extraordinário, tão extraordinário que não entendia como tinha vindo parar num meio tão aquém do que deveria ser o seu. Como viera parar ali? Tinha curiosidade de saber por que motivo deixara a Itália mas, sempre que tocava no assunto, ele se fechava.

A muito custo consegui arrancar-lhe alguma coisa. Era de Veneza. Tinha chegado ao Brasil pouco antes do meu nascimento. Participou da guerra de 1916 — como voluntário porque era menor — junto com quatro irmãos mais velhos. Sua família possuía propriedades rurais e um hotel nos Alpes. Após ter casado e ter tido um filho, passou a freqüentar cassinos, viciando-se no jogo. Para não continuar a desfalcar a família, decidiu abandonar tudo, pegando um navio para o Brasil, onde iniciou vida nova, sem contar com nada e com ninguém. Pretendia mais tarde mandar buscar a mulher e o filho. Embora fosse quase formado em engenharia, aqui teve que se empregar como pedreiro. Trabalhava nas obras com as mesmas roupas que freqüentava os cassinos e a ópera em Veneza. Segundo dizia, qualquer tipo de aventura o fascinava.

Trabalhou, em seguida, como ajudante de cozinheiro numa grande pensão, ao mesmo tempo que freqüentava as temporadas líricas do Teatro Municipal. Nessa mesma pensão, conheceu minha mãe, que lá também trabalhava. Com meu nascimento, teve problemas com a família na Itália, pois recebia constantemente cartas em que a esposa afirmava estar à espera do seu chamado. Mostrou-me algumas fotografias enviadas pela sua mulher. Numa delas, aparecia seu filho, um menino de quatorze anos, entre os pombos da Piazza San Marco. Sua aparência revelava que pertencia a uma classe superior à minha. Em outra foto aparecia sua esposa, uma mulher bonita e refinada. Ambos me causaram admiração. As fotos comprovavam que a vida de meu pai lá tinha sido diferente da que levava aqui.

Intrigava-me o fato de não se incomodar com os moradores da pensão, como eu, que me envergonhava de viver entre eles. Mas, como não me envergonhar, se uma vez vi D. Nena, a dona da pensão, espancando um filho porque a tinha roubado. Vi o filho lutar contra ela, como um animal, enquanto ela se queixava de sua desventura: trabalhava sem parar, e não tinha sequer o respeito dos filhos. Outra ocasião vi, também, um irmão investir contra o outro, de faca em punho, depois de uma discussão. Num dos quartos, surpreendi, mais de uma vez, um dos moradores espancando a mulher.

Sem possibilidade de sair dali, tentei melhorar pelo menos o aspecto da casa. Comprei tecidos, com meu próprio dinheiro e fiz eu mesma cortinas para todas as janelas da sala. Ajudada por Olga, filha mais velha de D. Nena, mudei a disposição dos móveis, lustrei-os, e o chão foi encerado. A nova decoração da sala foi admirada por todos, mas não serviu para transformar, como eu pretendia, os hábitos das pessoas. Depois de poucos dias, minhas melhorias já tinham sido depredadas.

Desesperançada, criei um novo ambiente no meu quarto, e nele ficava isolada grande parte do tempo, ouvindo música pelo rádio.

Gostava de todo tipo de música, da mais popular à mais erudita, e jamais perdia um programa de música clássica que era transmitido todos os dias, às duas da tarde. A música tinha o poder de me transportar para qualquer mundo imaginário. Trancada em meu quarto, acompanhava-a dançando, como se estivesse num palco fantástico. Empolgada com a idéia de dançar, pedi a meu pai que me deixasse estudar balé, o que ele recusou terminantemente, dizendo que, além de não achar coisa recomendável, não teria quem me acompanhasse até à escola.

Seria inútil insistir, pois já me havia repreendido não fazia muito tempo, quando descobriu que eu andava freqüentando um circo das redondezas, com idéia de aprender arte dramática. Foi tão severo que se negou a ouvir sequer minhas explicações. Quando vi o circo pela primeira vez, mais do que os números de acrobacias, atraiu-me o drama apresentado na última parte do programa. Sentia tanta admiração pelos artistas que trabalhavam naqueles dramas, que me pareciam seres de outra espécie. Entusiasmei-me com o talento de uma jovem que, além de andar no fio de arame, representava a heroína de quase todas as peças.

Depois de ter lido no programa um anúncio informando que o circo mantinha um curso de arte dramática, não consegui pensar mais noutra coisa. Sem coragem de me informar no próprio circo, passei a rondar a vila onde moravam os artistas, na esperança de que o acaso me facilitasse um contato com eles. Duas vezes encontrei-me com um deles, mas vê-los fora do palco me intimidou tanto que não tive coragem de abrir a boca.

Um dia consegui vencer a timidez: apertei a campainha de uma das casas e surgiu a moça que fazia papéis secundários. Esforçando-me para esconder minha emoção, indaguei sobre o curso. Ela mandou que perguntasse na casa ao lado, onde vivia a pessoa encarregada do assunto. Foi o que fiz. Bati na porta várias vezes, mas ninguém apareceu. Por fim, o circo mudou-se e o tempo se encarregou de apagar minha esperança. Depois veio a obsessão pelo balé.

Com a recusa de meu pai, procurei apoio em minha vizinha Tatiana, a "polaca", como era apelidada. Quando identificamos nossa paixão pela dança, tornamo-nos íntimas e ela passou a me mostrar passos de danças russas, que tinha aprendido com a mãe.

Tatiana era sensível, inteligente, desenhava esplendidamente. Suas mãos eram longas, os dedos delicados e trêmulos. Enquanto seus pais estavam no trabalho, ficávamos em sua casa, fazendo um álbum com fotografias de artistas que tirávamos das revistas, ou mexendo no baú de roupas velhas que a mãe ainda conservava do estrangeiro. Caracterizavamo-nos com os vestidos, peles, botas, chapéus antigos e inventávamos cenas como se fôssemos personagens.

Entusiasmadas com essa nossa capacidade, resolvemos fazer um teatrinho num domingo. Além das roupas do baú, contaríamos também com os enormes chapéus de papelão, pintados em cores vivas, apliques de purpurina, e fitas longas e coloridas, coisa que Tatiana sabia fazer com arte, copiando os modelos típicos de chapéus poloneses.

Um lençol, pendurado no varal de secar roupa, serviu de cortina de palco para o teatrinho montado no quintal.

A entrada custava o mínimo, para ajudar nas despesas.

Tatiana apresentou uma dança russa e eu uma clássica. Outras meninas declamaram poesias. Improvisamos uma pequena cena, em que eu aparecia como marquesa e Tatiana como duquesa, para podermos exibir nossos espetaculares chapéus.

Estranha a família de Tatiana. Não eram ignorantes, mas arrogantes e brutos. Falavam português com sotaque e tinham certa prevenção contra os brasileiros. Só se davam com gente de sua raça, por nós apelidados de "bichos d'água".

Quando uma das tias de Tatiana se casou, houve três dias de festa. A comida para o banquete começou a ser preparada com uma semana de antecedência. Uma grande mesa foi armada circundando toda a sala. A festa começou com a chegada dos noivos, vindos da igreja, e durou o tempo que os convidados agüentaram. Consumiram inúmeros barris de chope e comeram até se empanturrarem, quando então saíam direto para o banheiro para vomitar. Comiam mil espécies de pratos, principalmente um repolho azedo, que fermentavam num barril. Cantavam em voz alta como numa orgia. Muitos dormiam espalhados pelo chão. Deixei de ver Tatiana quando ela se mudou para casa própria, longe da minha.

Foi por essa época que meu pai teve tuberculose, precisando se afastar para uma cidade com clima próprio para a cura da doença.

A partir de então, suas cartas constituíam meu único alento. Sempre que as lia, tinha a sensação de que uma poderosa mão pousava sobre minha cabeça.

Na noite de Natal, solitária na janela do meu quarto relendo a carta que me escreveu especialmente para essa noite, relembrei toda a infância e adolescência que começava a atravessar. Já não ouvia o barulho que vinha da sala. Desviei os olhos do infinito e adormeci vencida pelo cansaço de esperar em vão por um milagre.

VII

Meu pai continuava no seu retiro em Campos do Jordão. Só aparecia na cidade quando tinha consulta com algum especialista. Numa dessas visitas, me levou à presença de um médico amigo seu, recomendando-lhe que cuidasse de minha saúde durante sua ausência. Às vezes, no consultório desse médico, ficava imaginando-o poderoso por ter o dom de curar as pessoas. Sonhava então tê-lo como substituto de meu pai ou, como homem, apesar da diferença de idade. Queria sua proteção. Mas jamais ousei demonstrar meu sentimento, apesar do carinho com que me atendia.

Meus divertimentos eram as *matinées* de cinema e as vesperais dançantes do colégio, onde eu aproveitava para me expandir na dança. Ainda não tinha tirado da cabeça a idéia de ser bailarina. Estando longe de meu pai, resolvi aprender balé, sem o seu consentimento.

Depois de ter assistido ao número de uma bailarina num grande circo da cidade, meu entusiasmo foi tão grande que venci minha timidez: fui até seu camarim perguntar se podia me ensinar balé. Ela disse que tinha vários grupos de alunas em sua própria residência e que podia me incluir num deles.

Senti-me vivendo uma grande aventura, no dia em que entrei no Mappin, e me vi rodeada por todo tipo de sapatos, malhas, meias, saiotes e uniformes de balé. Não podendo comprar todos os apetrechos, optei por um par de sapatos de pontas, de cetim cor-de-rosa, que me fascinou. Sem paciência de esperar pelo dia da aula, me trancava no quarto e lutava durante horas tentando me equilibrar na ponta dos pés, para acompanhar a música do rádio.

Para chegar à casa da professora, foi necessário fazer uma verdadeira viagem, com várias baldeações de ônibus. O bairro ficava muito longe do meu. Quando mostrei meus sapatos a ela, tive uma grande decepção; não era aquele que tinha pedido, mas sapatilhas, sem pontas. Esse de pontas, só poderia ser usado depois de muito tempo de exercícios. E eu tinha imaginado que sairia dançando na ponta dos pés e fazendo piruetas a partir do primeiro dia de aula.

Apesar de minha devoção, as aulas foram escasseando à medida que meu dinheiro também escasseava. Não poderia pedir aumento de mesada sem explicar a razão a meu pai.

Entretinha meu tempo ouvindo música e as novelas de Oduvaldo Vianna, no rádio, que eram o grande sucesso de então.

Tinha quatorze anos, quando meu curso passou a ser noturno.

Freqüentado na maior parte por rapazes já adultos, surgiram meus primeiros admiradores. Durante as aulas surpreendia vários colegas, alheios ao falatório dos professores, me lambendo com os olhos da cabeça aos pés. Meu físico já estava inteiramente desenvolvido e de maneira bastante harmoniosa. A forma atrativa do meu corpo, a força da minha feminilidade e sensualidade surgiram como uma dádiva para compensar minhas carências. Tinha prazer em me sentir desejada.

Mesmo quando um colega não me interessava, alimentava-lhe o desejo, pelo prazer de manobrar suas reações e, dessa forma, medir minha capacidade de sedução. Gostava de fazer este jogo mas não me atrevia a ir além disso, porque o sexo agora me atemorizava. Por isto, restringia-me a tentar meus colegas, vivendo intensas cenas de amor apenas em fantasia.

Era volúvel: da mesma forma que acreditava estar apaixonada por alguém, me tornava absolutamente indiferente de uma hora para outra.

Léon, com quem mantinha um flerte constante, procurava me convencer de que já não bastava mais nos consumirmos com os olhos, de que sentia necessidade de tocar-me. Fingia não compreendê-lo, para gozar a sensação que me causava quando, não suportando a perturbação de minha proximidade, ousava passar sua mão quente na minha cintura ou em minha nuca. Não o deixava ir além, mesmo porque não tinha certeza de que seu contato, para além disso, me fosse inteiramente agradável. Léon era de compleição forte, claro, de origem eslava. Cedi à sugestão que me fez de encontrá-lo fora da escola, num domingo à tarde, quando iria visitar meu tio Paulo, que morava num bairro próximo ao seu.

Depois do almoço, apanhei o ônibus que me levaria ao encontro de Léon. Sentada à janela o vento forte que batia em meu rosto me dava uma sensação de embriaguez e isso me fazia lembrar os momentos furtivos que tinha com ele, sob a penumbra das árvores no pátio da escola, os contatos ligeiros pelos corredores mal iluminados. Nas suas últimas tentativas, ele, sem vacilar, já deslizava as mãos desde a minha nuca até chegar à cintura que, estreita, ele cingia, inteira, com as duas mãos.

À medida que o local do encontro se aproximava, comecei a ter receio de me arrepender. Era tão sensacional aquela fase do amor que temia estragá-la.

O ônibus parou. Logo ao saltar, avistei-o a alguns metros de distância. Fora do cenário escolar, tive a impressão de que me agradava menos. Habituada a vê-lo à noite, senti que leves nuances da textura e tonalidade da pele e certos traços fisionômicos, mais perceptíveis à luz do dia, não me agradavam inteiramente. Sua roupa, visivelmente feita para usar aos domingos, também me desagradou.

Notando meu esfriamento, enquanto andávamos pelas ruas quase desertas, ele procurou me reconquistar, abraçando-me. O calor anormal de seus braços em torno do meu corpo e o brilho intenso dos seus olhos, por um momento, me perturbaram. Com a boca colada ao meu ouvido, me recriminou por me mostrar tão promissora de longe e tão esquiva de perto. Uma onda confusa se apoderou de mim no momento em que senti o calor de seu rosto tão junto do meu, mas, num rápido exame, concluí que seu contato não me era totalmente desejável. Afastei-me de seus braços e impedi-o de reaproximar-se, dizendo que já estávamos próximos da casa do meu tio.

Depois de algumas justificativas nervosas, despedimonos e segui, ainda confusa, até a casa de meus tios. Enquanto conversava com eles, não conseguia afastar da cabeça os momentos que tinha acabado de viver. Assim que pude, me refugiei à sombra de uma árvore no fundo do quintal, para remoer, a sós, meus pensamentos. Pensava que poderia ter prolongado aquele namoro mas, ao mesmo tempo, achava bom ter testado e concluído, definitivamente, que Léon não era o homem que eu desejava.

Do quintal, via os fundos da casa do meu tio. Com ele também já tinha vivido um curto período da infância, entre uma madrinha e outra, um pouco em cada casa, até que se cansassem de mim.

Tio Paulo já estava casado e com um filho de um ano, quando meu pai me levou para ficar em sua casa na Aclimação.

Eu passava, então, o dia em companhia de minha tia e sua mãe. Enquanto ambas se ocupavam da casa, eu ficava cuidando de meu primo, que começava a andar.

Nos fundos da casa havia um pequeno jardim. Nele eu me distraía colhendo flores e, colocando suas pétalas sobre a ponta dos dedos, criava a ilusão de possuir unhas longas e vermelhas, como das mulheres que via em revistas.

Trepando numa amoreira, plantada no centro do canteiro, foi que um dia avistei, um pouco além do quintal, os fundos de um hospital. Fiquei assombrada com o que vi: sobre uma mesa de mármore, havia um cadáver coberto, e em torno dele pessoas cantavam, movendo-se com gestos amplos e plásticos, como se estivessem executando uma dança ritual.

Esperando ouvir revelações fantásticas, chamei minha tia para ver. Ela cortou minha curiosidade, resmungando, com desprezo, que era coisa de ciganos, e voltou, imediatamente, para o trabalho que estava fazendo. Eu tinha encantamento pelos ciganos, pelas roupas que usavam e pelas lendas que conhecia sobre eles. Aquela cena ficou gravada em mim como algo assustador e fascinante.

Todos os dias, às cinco da tarde, ia até à janela para ficar ouvindo o som do piano, que vinha da casa em frente, do outro lado da rua. Gostava de ficar vendo a luz que batia, àquela hora da tarde, sobre a copa das árvores da rua, coincidindo com o som do piano.

Depois desse curto período, fui levada, outra vez, para a casa de madrinha Amália.

Anos mais tarde, meu tio comprou esse sobrado, em cujo quintal estava agora, num bairro mais modesto, onde vivia, já com dois filhos, mulher e os sogros. Formavam uma família muito unida.

A primeira vez que tinha visto minha tia, fiquei impressionada com sua beleza. Morena, de olhos escuros, esguia, maçãs do rosto salientes, cabelos pretos puxados para trás num coque, lembrava uma espanhola. Das vezes em que a visitei, logo após o casamento, recordo o odor de limpeza, que aspirava sempre que ela abria uma gaveta, à procura de qualquer roupa do seu enxoval.

Não era mais a mesma agora. Estava gasta, desleixada, parecia ter se rendido a um destino sem ideal. Seus pais também tinham envelhecido muito. Juntos, isolados naquele sobrado, pareciam ter desertado do mundo. Jamais pude compreender que alguém se deixasse render. Deprimia-me rever uma pessoa e notar que regredira.

Num domingo, meu tio provocou meu encontro com o filho de minha mãe. Compareci mais com curiosidade do que com emoção, pois não o considerava irmão. Talvez porque continuasse a desprezar tudo o que se originasse de minha mãe. Ou porque era um simples operário e eu desejaria que fosse um príncipe que me levasse para lugares encantados, distante daqueles que eu conhecia.

Era homem já feito. Apesar da minha resistência interior, ele me pareceu uma pessoa delicada, mas inferior ao filho de meu pai que eu vira na fotografia.

Nas visitas que me fez depois, levava-me sempre chocolates.

Na pensão, enquanto meu pai não voltava de Campos de Jordão, tive de ocupar, por questão de espaço, o mesmo quarto de Olga, filha de D. Nena. Muitas vezes, fingia dormir para ficar atenta às libidinagens que praticava, às escondidas, com o noivo, na porta externa do quarto. Sentia inveja de Olga por ser ela acatada como adulta, mas senti pena dela um dia, em que teve de deixar de estudar como queria, por falta de condições. Olga, que também me decepcionou, por aceitar tudo, resignadamente, sem jamais tentar reagir. Olga, que me propiciou a primeira noção do tragicômico, quando a surpreendi escondendo, como um tesouro, sua pasta de dentes e o sabonete, para escapar do sermão do pai, que julgava esse hábito um luxo condenável.

Com os dias livres, achei que o trabalho era a forma ideal para preencher meu tempo, e me tornar independente para conhecer o mundo além daquele bairro.

Através de um anúncio de jornal, comecei a trabalhar como datilógrafa, no escritório de D. Luciana, uma jovem desquitada.

Mesmo sendo eu a única contratada, o que tinha para fazer, além de datilografar algumas cartas e atender recados, era muito pouco.

Por isso, gastava grande parte do tempo refletindo sobre as descobertas que essa nova experiência me proporcionava. Ficava imaginando a sucessão de prazeres que seria a vida de D. Luciana. Aparecia somente para dar uma olhada no expediente e saía para dar andamento aos papéis, no Fórum. A variedade de vestidos, casacos de pele, bolsas de couro finíssimo e luvas de pelica, que ela usava, fazia-me sentir infinitamente pobre.

D. Luciana recebia sempre a visita de um homem idoso, tão elegante quanto ela, aparentemente muito rico que, mais que seu amigo, parecia ser seu protetor.

À hora do almoço eu ocupava o tempo livre olhando vitrines, fixando sempre a atenção nos objetos que se assemelhavam aos que D. Luciana possuía. Os preços, porém, me tiravam a esperança de um dia poder ter qualquer coisa equivalente. Mais do que tudo queria ter umas luvas como as que ela usava numa tarde em que me deu a mão, ao despedir-se.

Queria uma igual para poder sentir, outras vezes, a mesma sensação de aderência envolvente que o tato daquela pelica me deu.

Sem luvas as suas mãos também eram atraentes. Os dedos longos, a pele morena, unhas compridas, tratadas e coloridas. Na mão esquerda tinha sempre uma pedra preciosa, além da aliança de brilhantes. Sempre que a via sair do escritório, acompanhada por seu amigo e seu filho de 15 anos, discutindo o programa que fariam à noite, media a distância que me separava deles. A tristeza, então, tomava conta de mim.

Mas meu autocompadecimento acabava sempre cedendo lugar a uma onda de otimismo, que me dava a certeza de poder alcançá-los um dia por meu próprio esforço, já que nada me era dado gratuitamente.

VIII

Na primeira vez em que vi Flávio, o filho do diretor da escola, senti ter caído em cheio na armadilha do amor.

A partir desse dia, tudo se evadiu do meu pensamento para ceder lugar à sua imagem. Ficava no pátio da escola, de maneira a não ser vista, para poder observá-lo durante o rápido momento em que passava pela calçada, em direção a sua casa.

Flávio já era homem feito. Demonstrava ser seguro e auto-suficiente. Alto, tinha pele morena, cabelos e olhos pretos, lábios escarlates e sensuais.

Aguardava ansiosa o fim da aula para, no caminho de volta, vê-lo no bar da esquina, onde costumava ficar conversando com outros rapazes.

Mas ao me aproximar desse local, atravessava para o outro lado da rua, com medo de que, me vendo de perto, descobrisse o segredo da minha paixão. Não sabia sequer se ele havia se dado conta de minha existência.

Sentia-me desorientada, porque, habituada a manipular com os sentimentos dos meus colegas, não conseguia, desta vez, dominar a alteração que sua presença, mesmo de longe, provocava em mim.

Quando comecei a trabalhar, passei a vê-lo, diariamente, na imensa fila, à espera do ônibus, às seis da tarde. Pela distância que nos separava na fila, calculava se viajaríamos no mesmo ônibus. Quando isso acontecia, cuidava de me localizar num dos assentos de trás, para poder tê-lo sob minha mira durante o trajeto e, assim, me embeber na visão de seu cabelo e nuca.

Uma tarde, em que surgiu no ônibus inesperadamente, quando eu já tinha tomado assento num banco da frente, perturbei-me. Passei todo o tempo querendo adivinhar em que ponto estaria sentado sem me atrever a olhar para trás. À medida que o ônibus esvaziava, sentia-me exposta, imaginando se, vendo-me de costas, me observaria da mesma forma que eu o fazia.

Num dado momento, pressenti sua presença exatamente no banco atrás do meu. Fiquei em pânico. Quando, em seguida, senti sua mão tocar meu ombro, enrubesci até a raiz dos cabelos.

À espera de que meu rosto voltasse ao normal, fingi não ter percebido até que ele me tocou uma segunda vez. Então, já recobrada do meu descontrole, virei o rosto e ouvi perplexa sua voz:

— Tomei a liberdade de pagar sua passagem.

— Ah, sim... obrigada.

— Vou descer com você para batermos um papo, tá?

— Ah, ah...

A única coisa que consegui pensar foi que o imprevisível era o melhor que a vida oferecia.

Quando o ônibus se aproximou do ponto, ele se adiantou para me ajudar a saltar.

Andando pela rua, enquanto conversávamos, tive a

preocupação constante de não deixar transparecer minha emoção e fingir conhecê-lo apenas vagamente.

Nos dias que se seguiram, saía do escritório ansiosa esperando que o acaso o fizesse tomar o mesmo ônibus que eu. Jamais tive coragem de sair do meu lugar na fila para ir até ele, quando estava distante de mim, embora ele já tivesse feito isso várias vezes.

Não sabia por que, mas me sentia obrigada a obedecer rigidamente à regra que haviam me ensinado: uma mulher não devia jamais manifestar interesse por um homem, para não ser considerada à-toa.

Flávio ia me buscar quase todas as noites na saída da escola. Talvez por representar o homem que eu idealizava, só conseguia ter espontaneidade diante dele em situações que não nos envolvesse diretamente. Quando a situação nos punha um diante do outro, sem nenhum motivo exterior para me apoiar, ficava sem saber o que fazer. Tornava-me inibida e qualquer manifestação de sentimento era automaticamente bloqueada, criando assim uma situação que dificultava nosso contato.

Essa dificuldade aumentava à medida que ele tentava se aproximar. Porque eu me sentia obrigada a repeli-lo, embora o desejasse.

Isso criou uma espécie de barreira entre nós, que fez diminuir nossos encontros até que Flávio se ausentou de vez, fazendo-me provar a primeira desilusão amorosa.

IX

Estava ainda com quinze anos quando saí do escritório de D. Luciana para trabalhar como secretária do Dr. Aluísio. Nesse escritório eu também era a única funcionária, mas o movimento era bem maior e me dava oportunidade de conhecer pessoas dos mais variados tipos. Observava atenta ao desfile de tipos humanos que apareciam por lá.

Sentia-me adulta. As pessoas já não me tratavam como criança, me respeitavam.

Agradava-me sentir que era independente, que eu mesma podia me manter sem a ajuda de ninguém. Esse novo estado era confortador. Tinha a sensação de estar entrando num mundo novo, no qual teria lugar, se me dispusesse a conquistá-lo e, para isso, não me faltavam disposição e energia.

Ter um telefone sobre minha mesa também me dava uma sensação de conquista. Fazia-me lembrar do dia em que fui visitar uma antiga moradora da pensão, só pelo fato de ela ter um telefone e poder experimentar, pela primeira vez, o milagre que o aparelho operava.

Na sala ao lado trabalhava Vera, na firma de corretagem de seu pai. Bastante mais velha que eu, aprendia muito conversando com ela, sentada nos sofás de veludo de seu escritório, de onde podia controlar a entrada do meu.

Ao passar pelo longo corredor em que se enfileiravam as portas de outras salas, percebia a admiração que causava nos homens. Isso instigava meu narcisismo e feminilidade, embora, exteriormente, demonstrasse indiferença e reserva.

O olhar devorador que Otávio me dirigia, toda vez que eu passava defronte à sua sala, fazia vibrar cada poro da minha pele. E, para intensificar o prazer que essa sensação me causava, vestia-me de maneira provocante para tentá-lo ainda mais.

Quando Otávio começou a me telefonar, percebi, pela desenvoltura e segurança com que falava, que era homem maduro, muito mais experiente que eu. Adivinhando minha inexperiência, usava de habilidade para me excitar, ao telefone, confessando, em tom de alcova, os desejos que o atormentavam. Queria ter um encontro comigo. Eu também queria, mas tinha medo. Só de vê-lo à distância e ouvir sua voz pelo telefone, me perturbava a ponto de errar meu trabalho.

Uma tarde de sábado, quando todas as salas normalmente estavam fechadas, voltei ao escritório, sob o pretexto de escrever alguma coisa a máquina. Sabia que ele estaria à espera, para ver se eu voltava como tinha combinado ao telefone.

Mal cheguei, o telefone tocou:

— Vou até aí.

Apavorei-me.

— Nem pense nisso, alguém pode ver e contar ao Dr. Aluísio.

— Não tem ninguém no andar.

— Mas o faxineiro pode aparecer.

— Quero te ver já, chega de adiar.

— Tenho medo. Dr. Aluísio pode chegar de repente, para apanhar algum papel...

A ligação foi interrompida. Ainda tentava refazê-la, quando o vi aparecer. O choque de tê-lo diante de mim, dentro de minha sala, impediu-me de vê-lo nitidamente, no primeiro momento.

Deu uns passos até a escrivaninha onde me encontrava e, apoiando os braços nela, me encarou. Ainda paralisada pela surpresa, só consegui repetir que o Dr. Aluísio poderia chegar a qualquer momento.

Mas, antes que terminasse a frase, ele me puxou com decisão, colando meu corpo ao seu. A sensação de sentir o corpo de um homem colado ao meu, da cabeça aos pés, paralisou meus movimentos por alguns segundos. Mas logo me afastei bruscamente e ele me agarrou com força redobrada.

Seu rosto se esfregando ao meu, tentando alcançar a boca, que eu desviava, me fazia sentir a raiz de sua barba como um fogo esfolando minha pele. O cheiro da sua carne, seu hálito, me enlouqueceram de excitação. Mas o medo me fez reagir e impedir com firmeza que ele continuasse.

Vendo que eu estava realmente apavorada e que qualquer gesto seu para me acalmar só aumentaria meu pânico, concordou em sair quando prometi encontrá-lo outro dia, fora dali.

Ao me ver novamente sozinha, senti como se tivesse escapado de um desastre.

Passei muitas noites de insônia, torturada pelo desejo. Só depois de muito tempo, foi que decidi encontrá-lo.

Já de noite, num parque próximo ao escritório, andávamos pelos caminhos estreitos e mal iluminados, quase que invisíveis pela vegetação e sombras das árvores. Numa sombra mais densa, Otávio me encostou contra o tronco de uma árvore, me abraçando. Com a respiração ofegante, buscou minha boca com decisão, enquanto passava as mãos pelos meus seios. Aos poucos, meus lábios perderam a resistência e se abriram para os seus. Era a primeira vez que me deixava beijar na boca. Senti sua língua como uma labareda. Esqueci de tudo e me deixei acariciar.

No ônibus, de volta para casa, tentava sair da minha embriaguez aspirando forte o ar que vinha de fora.

O amor e o erotismo eram, sem dúvida, a primeira fonte de prazer que eu encontrava na vida.

X

O Dr. Aluísio me tratava com consideração e carinho. Chegou mesmo a me convidar para ir à sua residência. Fiquei lisonjeada e ao mesmo tempo preocupada com o convite. Saberia me comportar numa reunião com sua família?

Num domingo saí em direção à sua casa, que ficava em Higienópolis.

Quando o ônibus entrou no bairro, fiquei espantada com a beleza do bairro. Era incrível existir um lugar tão diferente na mesma cidade, com tantas casas espetaculares, tanta vegetação e silêncio.

Desci numa praça ajardinada, onde babás uniformizadas passeavam com as crianças. Aquela atmosfera de frescor e tranqüilidade me fez sonhar em viver num lugar assim.

A família do Dr. Aluísio me olhava com curiosidade. Percebi que ele já havia feito comentários a meu respeito. Preocupada em parecer recatada, usei a roupa mais discreta que possuía.

Sua mulher era gentil e tinha um ar sofredor.

Não cheguei a me sentir deslocada. Sempre que podia ficava observando os recantos acolhedores da casa e os requintes da decoração. Saí de lá com a impressão de ter agradado a todos.

Depois que o Dr. Aluísio enviuvou, passei a sentir um certo mal-estar sempre que ficava no escritório a sós com ele. Sua gentileza às vezes me parecia exagerada.

Certa ocasião em que tive que desistir de um curso de piano, por falta de um onde pudesse praticar os exercícios, me propôs financiar ao menos os estudos. Mas recusei. Não suportava dever favores.

Surpreendi-o, por diversas vezes, me olhando de um modo que feria meu pudor. Em lugar do antigo respeito, comecei a sentir aversão por ele.

Certa tarde, visitou-o uma moça de origem estrangeira.

Enquanto conversavam, eu a observava, me detendo sobretudo na sua maquilagem. Seu rosto tinha um colorido aveludado e uniforme. Sua boca era meticulosamente contornada e pintada de vermelho. Os cílios, recurvados e pintados de preto, realçavam-lhe os olhos. Tinha aparência daquelas moças que só se viam em revistas e cinema. Cada gesto seu parecia ter sido estudado premeditadamente para causar um efeito.

Sua beleza era diferente das moças do meu bairro que, mesmo belas, conservavam sempre um ar rude. Desejei ser como ela, cuidada da cabeça aos pés. Ela parecia ter consciência de que eu, adolescente, estava examinando-a para aprender os artifícios que uma mulher poderia usar para se tornar mais atraente.

O Dr. Aluísio estava envaidecido com a visita mas, também, demonstrava certa inquietação. Passado algum tempo, dava a impressão de que queria que ela se fosse. Presumi que estaria temendo a chegada de alguém da família.

Quando a moça saiu, fiquei absorta, avaliando quanto me faltava para ser igual a ela. Isso me fez cair num mutismo que não passou despercebido ao Dr. Aluísio. Notando a mudança do meu estado de espírito, procurou saber a causa. Mas eu jamais confessaria, a quem quer que fosse, qualquer dos meus ressentimentos. Já estava habituada a confiná-los no fundo de mim mesma. Disfarcei, dizendo que estava preocupada apenas em descobrir qual o cosmético que aquela moça usava para conseguir um efeito tão bonito no rosto.

Quando o Dr. Aluísio desceu para tomar café, trouxe, ao voltar, um estojo de maquilagem, supostamente o usado pela moça.

Aproveitando-se de minha surpresa, quando passou o presente às minhas mãos, tentou me beijar no rosto.

Repeli-o com tamanha ferocidade que ele, desconcertado, ficou como um rato desorientado à procura de um buraco. Vingou-se dizendo que não adiantava me fazer de pura, pois já sabia que eu andava aos beijos e bolinações com o Otávio.

Fiquei furiosa. Ninguém sabia de mim e Otávio. Como ele poderia saber?

Acossei-o de perguntas até que confessou ter lido às escondidas as anotações íntimas que eu fazia quando não tinha nenhum trabalho a executar. Indignada, decidi deixar o escritório naquele dia mesmo.

Ao me ver sair, a expressão do Dr. Aluísio era a de uma criança quando vê sua travessura transformada em desastre.

XI

Passava os dias percorrendo os endereços dos empregos anunciados em jornal. Via arapucas de todos os tipos. Nas empresas maiores, a aparência mecanizada das pessoas me dava um desconforto tão grande que não me animava a ficar. Começava a trabalhar num lugar, ficava uns dias e saía logo depois de sentir o ambiente.

Escritório era uma coisa que não me agradava em nada. Mas era para isso que tinha sido preparada.

Enquanto não conseguia emprego certo, ficava em casa e caía no pessimismo. Que era eu? No balanço que fazia, chegava a uma só conclusão: era uma órfã desamparada, estava deslocada no mundo, sem um único ponto de apoio. Meu único ponto de apoio estava sempre fora de alcance: meu pai.

Desde que conheci mais a vida, através do contato com o mundo no trabalho, não sabia mais com que sentimento encarar as pessoas da pensão. Meu antigo rancor parecia estar se transformando, aos poucos, em piedade, principalmente por D. Nena.

Era uma vítima essa mulher. Veio do interior de São Paulo com o marido, também imigrante, tentar a vida na cidade, com quatro filhos. Alugou aquela casa e, não podendo pagá-la, alugava quartos e dava pensão. Não devia ter quarenta anos, mas, de tão maltratada, aparentava muito mais. Trabalhava desde a madrugada até a noite, cozinhando, lavando, passando roupa, preparando as marmitas que mandava para a fábrica, onde trabalhavam o marido e o filho mais velho. Apesar de seu esforço, ouvi o marido várias vezes tachá-la de vabagunda.

Inquilinos desonestos desapareciam sem lhe pagar. Outros lhe davam trabalho quando bebiam. Era o saco de pancadas de todos. Não tinha sequer uma recompensa afetiva.

Às vezes, observando-a, me comovia. Pensava que se um dia ficasse rica poderia ajudá-la a sair daquela vida.

Assim como via D. Nena como vítima, ela me via como eleita da sorte; achava que eu teria um ótimo futuro, por já ter estudado bastante e ser inteligente. Nas suas horas de queixa, chegava a me dizer que eu devia mesmo deixar a pensão, porque merecia coisa melhor.

Às vezes ela ia atender à campainha e o que surgia na porta era um bando de parentes ou conhecidos, na maioria doentes. Vinham do interior procurar abrigo em sua casa. Mesmo vendo que a casa estava lotada, não arredavam pé, obrigando-a a instalá-los, improvisadamente, nos quartos dos filhos ou dos pensionistas em débito.

Certa ocasião chegou a colocar uma cama na sala de jantar. Enquanto comiam, os pensionistas viam, através do biombo, um doente se lamuriando. Era uma promiscuidade intolerável.

D. Nena interrompia, muitas vezes, seus afazeres em casa e saía à cata de leitos na Santa Casa de Misericórdia, para ajudar aos infelizes e, assim, se ver livre da reclamação dos pensionistas que pagavam.

Na peregrinação que faziam à sua casa, apareceu certa vez uma parenta, com as pernas inchadas, cheias de feridas e manchas. Instalada na sala, a doente reclamava de sua condição, pedindo ajuda a cada pessoa que chegava. Essa mulher parecia o retrato da miséria.

XII

Nos nossos últimos passeios pelo parque, Otávio insistia para que o encontrasse num lugar que não fosse público. Prometi satisfazer sua vontade, com a condição de que não tentasse ir além das carícias a que já estávamos habituados.

Saí nervosa de casa. Ia encontrá-lo na esquina de uma rua da cidade e de lá seguiríamos até a casa de um amigo que tinha viajado e lhe deixara a chave.

No trajeto do ônibus fiquei aflita, com receio de que não cumprisse a promessa. Mas, ao mesmo tempo, estava segura de que não o deixaria de nenhuma forma ultrapassar os limites. Consegui atenuar minha tensão, encarando o fato como uma experiência que, mais cedo ou mais tarde, teria que conhecer. Tinha que seguir a correnteza da vida; não era culpa minha que tudo evoluísse e se transformasse.

Otávio me esperava no lugar marcado e, de táxi, me levou até um sobrado numa rua de bairro. Em frente à porta da casa, vacilei. Pediu-me que tivesse calma, pois não faria nada que eu não quisesse. Queria apenas ficar a sós comigo, sem ser perturbado por transeuntes.

Antes de entrar tocou a campainha. Uma senhora atendeu prontamente. Achei estranho, pois ele me tinha dito que não haveria ninguém em casa. Falou com ela qualquer coisa inaudível e me levou, pela mão, por uma escada escura, passando depois por um pequeno corredor, onde havia algumas portas fechadas.

Numa das portas entramos. Era um quarto mal iluminado.

Sofri um impacto ao deparar com a cama. Percebi claramente que ele tinha mentido, que não era casa de nenhum amigo, mas um lugar destinado àquele fim. Por isso tinha aquela atmosfera misteriosa.

Antes que eu pudesse dizer alguma coisa, Otávio me beijou com ardor, pedindo perdão por ter sido obrigado a mentir, pois do contrário eu não teria ido.

Senti uma vergonha terrível por estar naquela casa e, principalmente, da mulher que atendeu. Que pensaria de mim? Teria visto bem minha cara? Que estaria pensando agora? E se alguém viesse a saber?

Vendo-me em perigo mobilizei todas as forças no sentido de resistir a qualquer tentação.

Apesar disso, Otávio conseguiu me arrastar até a cama, deitando-se sobre mim. Acariciava-me com sofreguidão enquanto sussurrava frases excitantes e apaixonadas.

Eu me debatia, mas mesmo assim ele conseguiu levantar minha saia para beijar minhas pernas. Empurrei sua cabeça e ele veio esfregando-a pelo meu corpo até chegar à minha boca.

Quando senti seu sexo entre minhas coxas me vi como à beira de um abismo. Via a cara de meu pai, de D. Nena, do Dr. Aluísio, de todas as pessoas que conhecia, aguardando minha queda.

A única coisa que desejei, então, foi sair daquele quarto. Tive ímpetos de gritar, mas meu pavor de ser vista cedeu lugar ao choro. O choro talvez o convencesse mais do que a força física.

Solucei, fingindo estar à beira de um descontrole nervoso. Convencido de que não conseguiria nada mais de mim, não teve outra alternativa senão me levar dali.

Mais tarde, sozinha em casa, fiquei refletindo sobre o que acabara de acontecer. Não estava arrependida. Achava-me mais experiente e madura por ter vivido aqueles momentos proibidos. Fiquei satisfeita por tê-lo vencido com a força da minha decisão e apesar da minha fragilidade.

XIII

Uma manhã após ver um outro emprego, ao passar em frente à Caixa Econômica, na Praça da Sé, dei com uma mulher, doente da perna, pedindo esmolas na escadaria. Era aquela que D. Nena hospedava na sala.

O choque foi tão violento que meu coração disparou e um fluxo de sangue me subiu ao rosto, como se, naquele momento, todas as pessoas na praça tivessem descoberto que eu morava na mesma casa que aquela mendiga.

Fiquei de longe olhando, perplexa, o quadro humilhante. Mais do que piedade, ele me inspirou revolta, e mais do que tudo, vergonha.

Esse fato me fez tomar a decisão de sair da pensão de qualquer jeito. Cheguei em casa arrasada, sem comentar com D. Nena o que tinha visto. No desalento em que fiquei, a idéia de ver meu pai apareceu como único consolo.

Talvez se eu propusesse, ele concordasse em irmos viver em outro lugar. Quanto tempo ainda teria que continuar em Campos do Jordão? Senti necessidade de vê-lo imediatamente.

Saí de casa em direção ao escritório de Vera para usar o telefone e me informar de que modo chegar até Campos do Jordão.

Ao me ver no corredor, o Dr. Aluísio deslocou-se de sua escrivaninha e veio, solícito, ao meu encontro. Estava visivelmente arrependido do seu gesto e decidido a reconquistar minha amizade. Desdobrou-se em atenções e gentilezas. Quando lhe falei que pretendia visitar meu pai, me aconselhou a desistir da idéia, dizendo que era imprudência fazer, sozinha, uma viagem de oito horas.

Mas, quando viu que minha decisão era inabalável, se prontificou a tomar, ele mesmo, todas as providências. Antes de sair de lá, já com a passagem de ônibus na mão, me fez recomendações e me deu o cartão de uma casa de modas onde sua família se vestia, insistindo para que fosse até lá escolher um sobretudo de lã, para poder enfrentar o frio de Campos do Jordão.

No dia seguinte, no ônibus, me sentia otimista e com certo orgulho de mim mesma. Não passava de uma adolescente mas já podia realizar meus caprichos, sem depender da autorização de ninguém. Outras moças da mesma idade não poderiam fazer o mesmo.

Ao ajeitar no colo o meu *manteau* de lã, lembrei-me do Dr. Aluísio. Mas evitei pensar na cena ridícula daquela tarde, para não me arrepender de ter aceito o casaco que me oferecera. Na verdade, agora sentia certa pena dele: embora fosse mais poderoso do que eu, não podia alimentar qualquer ilusão a meu respeito.

Mais cinco horas de viagem pela frente. Seria grande a surpresa de meu pai.

Enquanto os passageiros cochilavam eu não tirava os

olhos da paisagem que servia de fundo para as minhas divagações.

Quanta coisa tinha me acontecido durante o período em que trabalhei no escritório do Dr. Aluísio. Mudei mesmo de espírito. Aprendi muito no contato com as pessoas. Lá, conheci o primeiro homem que me beijou e me desvendou o amor físico. Lá, provei também o sabor da infidelidade, flertando, ao mesmo tempo que namorava Otávio, com outro rapaz que se instalou numa sala no mesmo andar, cuja janela dava para os fundos da minha. Ah, se meu pai soubesse de meu namoro com Otávio. O único rapaz que ele sabia ligado a mim era Flávio, a quem via com simpatia, mesmo sem conhecê-lo pessoalmente.

Flávio: não estava bem certa se o tinha esquecido ou não. Apenas deixara de pensar nele e, quando pensava, era com vontade de me vingar. Meu orgulho tinha sido ferido desde que soube que engravidara uma moça da qual agora estava noivo.

A partir daí é que decidi não me resguardar tanto com os homens, como fizera com ele. Tanto me resguardei que acabou procurando outra. A frustração que seu afastamento me causou só foi compensada pelo ardor de Otávio e pela atração que eu sentia exercer cada vez mais sobre os homens.

Por isso, valorizava meu corpo. Quando me examinava nua diante do espelho, concluía que se Deus me havia negado presentes em criança, agora estava sendo pródigo em me dotar de formas provocantes.

Temia estar voltada demais para o amor e a sensualidade. Contudo, não me atrevia ainda a pensar na consumação do ato sexual. Estancava qualquer idéia de um dia vir a entregar minha virgindade. O mundo inteiro me dava a entender que era necessário preservá-la, porque nela é que residia meu valor.

Meu pai, numa ocasião em que perguntei o que podia fazer para ajudá-lo, me respondeu textualmente: "A única coisa que você pode fazer por mim é preservar sua *pureza.*"

Otávio ainda insistia em que voltasse a encontrá-lo num lugar discreto mas, depois que me confessou ser casado e ter um filho de um ano, decidi não vê-lo mais. Acreditava no princípio de que, sendo honesta, estaria automaticamente salva da desonestidade alheia. A ligação foi desfeita sem dor. Embora gostasse de seu contato físico, não estava apaixonada por ele como estivera por Flávio, e meu interesse já tinha começado a se voltar para outro.

Meu pensamento foi interrompido pelo movimento dos passageiros, que se espreguiçavam antes de descerem para um lanche. Quando voltei ao ônibus, depois de ter comido um sanduíche, adormeci acalentada pela sensação reconfortante de estar viajando rumo a uma coisa desejada.

Fui despertada pelos comentários dos passageiros que estavam alarmados com o estado do caminho. Chovia muito e a lama dificultava a subida do ônibus. Estávamos em plena serra. Houve momentos de pânico quando o ônibus começou a derrapar, tendo à margem precipícios gigantescos. O motorista teve que parar várias vezes para calçar, com pedras, os pneus dianteiros e continuar a subida.

A viagem durou muito mais do que o previsto.

Ao chegarmos, já ao anoitecer, o aspecto de Campos do Jordão era sombrio. O frio cortava e a chuva fina não deixava ver nada além de alguns metros de distância. Procurei um táxi, mas os motoristas se recusavam a me levar, dizendo que chovia há dias e que as estradas para os sanatórios não tinham calçamento. Aconselharam-me a procurar, por um preço mais alto, uma charrete que talvez conseguisse chegar até lá. Aluguei uma, cujo cocheiro, mesmo com boa vontade, não garantiu a chegada.

Começamos a caminhada, apenas o cocheiro e eu. Depois de meia hora, já próximos ao sanatório, a estrada começou a piorar terrivelmente. A subida era íngreme, os cavalos mal se sustinham, escorregando para trás. Um chuvisco gelado penetrava até a alma, me fazendo tremer da cabeça aos pés.

Comecei a me desesperar. Que faria se fosse impossível a subida? Além de ser menor já tinham me informado que os hotéis não aceitavam hóspedes sem atestado de saúde dos médicos locais.

Inventando que meu pai estava em estado grave e me esperava desde o dia anterior, implorei ao cocheiro, em nome de Deus, que desse um jeito de chegar.

Era noite fechada e eu estava sozinha, ao lado de um estranho, num fim de mundo, sem que ninguém pudesse me localizar, cercada pela chuva, pela lama e sem saber ao certo onde iria parar.

Os animais venciam, passo a passo, o caminho. Acredito que foi só por ter percebido meu desespero que o cocheiro tentou ir até o fim. E conseguimos chegar ao sanatório.

Pela reação das pessoas que me atenderam, vi que deveria ser realmente surpreendente uma moça chegar àquela hora, sozinha, encharcada, sob um tempo tenebroso como aquele.

Expliquei que estava chegando diretamente de São Paulo para ver meu pai. Depois de ter dado seu nome me fizeram esperar. Tinham que pedir autorização à diretoria por serem proibidas visitas àquela hora, além de não ser o dia destinado à visitação.

Apesar desses empecilhos, minha preocupação desapareceu por completo. O que contava é que estava sob um teto e, sob esse mesmo teto, se encontrava meu pai. Não acreditava que me fizessem voltar naquelas condições, sem tomar qualquer providência. Sentia-me reconfortada por estar num lugar seco, após ter viajado nove horas de ônibus e sofrido aquele frio sob o chuvisco.

Depois de algum tempo, apareceu meu pai, o rosto cheio de espanto. Estava entre dois enfermeiros, aos quais me apresentou, depois de me cumprimentar cerimoniosamente.

Assim que eles nos deixaram, me puxou para um canto:

— Quem é que lhe deu ordem de vir até aqui?

— Eu estava com vontade de falar com o senhor.

— Por que não me escreveu? Por que não me avisou ao menos que viria?

— Eu resolvi de repente.

— Acha que eu posso ficar contente vendo sua falta de juízo? Como posso ficar tranqüilo daqui em diante sabendo que você é capaz de fazer uma loucura dessas? Viajar sozinha para este fim de mundo, e chegar a esta hora com um tempo desses?

— Mas não me aconteceu nada. Estou aqui.

— Sim, toda encharcada e gelada de frio. Sabe lá se já não está doente? Vou pedir que te dêem um preventivo contra gripe e pneumonia. É preciso também que te examinem para o atestado de saúde que os hotéis exigem.

Levou-me pela mão até um departamento médico, sem parar de me repreender.

Tentou, depois, ver se podia me acomodar lá mesmo por aquela noite. Não conseguindo, arranjou um veículo do sanatório já adaptado para aquelas condições, que nos levou de volta à cidade.

No hotel teve que providenciar um documento se responsabilizando por mim, porque meus documentos não traziam seu sobrenome. Fez-me tomar banho quente e mudar de roupa imediatamente.

Sentado à mesa enquanto eu jantava, mesmo estando interessado nas novidades, não abandonou sua atitude reprovadora. Antes de voltar para o sanatório, recomendou que me cobrisse bem e não esquecesse os medicamentos. Ao deitar me senti agradavelmente abrigada pelo calor das cobertas e pela proximidade de meu pai.

No dia seguinte, ele apareceu logo cedo para fazermos um passeio pelas campinas vizinhas. Embora o tempo estivesse limpo, o frio era cortante. Eu me embevecia com a sua presença enquanto andávamos. Perto dele, parecia-me estar a salvo de todos os perigos do mundo.

Contou-me sua rotina diária, os passeios pela manhã, a vida metódica que levava, aproveitando todas as horas de descanso para ler. Preocupou-se, como sempre, em saber se me alimentava bem e cuidava da minha saúde na sua ausência.

Justifiquei minha saída do escritório do Dr. Aluísio dizendo que pretendia ir para um lugar maior, que me permitisse aplicar mais o que havia estudado. Aconselhou-me a fazer um curso de estenografia para ficar mais bem preparada. Perguntei sobre sua saúde:

— Já estou quase curado. Devo voltar logo para São Paulo.

Meu entusiasmo não o contagiou, como eu esperava, quando lhe contei meu plano de mudarmos para um lugar melhor, assim que voltasse. Viver naquela pensão nunca tinha sido problema para ele. Mas prometeu pensar no assunto quando chegasse a ocasião.

Passei três dias ao seu lado. Estava satisfeita mas não sabia por que sentia também uma certa melancolia. Aos poucos, localizei o motivo de meu descontentamento. Observei, enquanto caminhávamos, que não era um homem feliz. Em certos momentos sua expressão se perdia e me fazia pressentir que já não possuía a plenitude de antes.

Perguntei-lhe se alguma coisa o preocupava, além da saúde, mas me respondeu negativamente, esforçando-se para encobrir sua insatisfação. Procurei animá-lo, prometendo fazer tudo que lhe agradava: estudar mais, me alimentar com regularidade, cuidar da saúde, me comportar com juízo. Mas sua tristeza era intangível, parecia não se prender a nada de concreto.

Antes de partir, me fez as recomendações habituais, pedindo-me especialmente que fosse indulgente com o pessoal da pensão. Ao me despedir, fiz esforço para lhe transmitir otimismo e não demonstrar que havia percebido sua tristeza.

Mas dentro do ônibus, assim que o perdi de vista, chorei. Voltavam-me à cabeça aqueles relances em que surpreendi o desânimo no seu semblante. Doía-me saber que não era feliz. Remoía cada palavra sua. Imaginava sua solidão mesmo que me dissesse gostar de viver no campo.

Era inacreditável que o destino sempre me fizesse ficar longe da única pessoa que eu tinha e amava.

XIV

O trabalho, no novo emprego — uma companhia de seguros —, que nos primeiros dias me parecia de uma dificuldade insuperável, logo se tornou fácil e eu o dominava com desembaraço.

Adaptar-me às pessoas era a parte mais penosa. Só depois de muito tempo conseguia me relacionar um pouco, mas sempre com muita reserva e desconfiança. Por causa dessa dificuldade é que experimentei tantos empregos, antes de me fixar nesse: uma empresa grande e moderna, bem diferente das arapucas pelas quais tinha passado.

Comparava a iluminação clara dessas salas com a luz lúgubre do último escritório em que trabalhei, num edifício antigo da Avenida São João. A sala dava para os fundos de um pátio interno e não via a luz do sol durante o dia inteiro. Esse escritório tinha apenas uma sala, que servia a três corretores. Ficava o dia todo sozinha. De vez em quando, um deles aparecia para receber recados ou buscar papéis. O que me segurou algumas semanas lá foi ter descoberto que um dos corretores era locutor de rádio.

Tinha esperança de que, com sua ajuda, pudesse abrir

caminho para entrar no rádio. Era para as radionovelas que minha aspiração estava voltada agora. Já tinha ido assistir, várias vezes, aos atores representando, ao microfone, detrás de um vidro que os separava dos curiosos.

Esperei com paciência o momento oportuno para lhe revelar minha intenção.

Mas ele me falou sem complacência:

— Pode tirar da cabeça! Essa é uma ilusão a que estão sujeitas todas as moças da sua idade.

— O senhor está com receio de me ajudar porque sou nova e pensa que por isso sou irresponsável. Mas já estou acostumada a responder por mim mesma. Eu sei o que faço.

— Não posso fazer uma coisa que, tenho certeza, seu pai desaprovaria. Esquece. Você é menor e não quero ser responsável pelo que venha a acontecer. Mesmo que pudesse, não ajudaria, porque eu mesmo não aprovo essa idéia.

Decepcionada, passava as horas com os olhos pregados no amarelo da lâmpada, querendo descobrir por que tudo o que desejava fazer era condenado pelos mais velhos.

Saí de lá resolvida a levar meu projeto adiante, sem contar com ajuda de ninguém. Fui até a Tupi-Difusora, que tinha um programa de testes para novatos que pretendiam fazer radioteatro e locução.

Ao chegar diante do edifício da emissora, perdi a coragem e fiquei vagando pelas imediações. A timidez me dominava. Mas, se desistisse, ficaria me culpando por não ter ao menos tentado.

Concentrei minhas energias e num impulso entrei.

Fiquei aliviada quando vi que o auditório era pequeno, sem muita gente. Escolhi um assento isolado e fiquei assistindo aos locutores no palco, transmitindo notícias ao microfone. Logo depois passou o encarregado anotando o nome dos concorrentes ao mesmo tempo que distribuía o texto que deveria ser lido diante do microfone. Envergonhada, dei um nome falso.

Quando fui chamada estava nervosíssima. Mas, mesmo assim, consegui ler o texto, de três linhas, sem errar. Para meu desencanto, a escolha dependia de provas subseqüentes a serem feitas em outros dias. Tudo me pareceu longínquo, complicado e confuso. O ambiente, formado por pequenas curriolas de pessoas atiradas e esfuziantes, me fazia sentir deslocada. Sem ânimo para enfrentar aquela situação outras vezes, desisti.

Depois, reprovando-me por não ter levado a experiência até o fim, resolvi tentar de novo, em outra rádio, num programa de calouros musicais. Ao me ver no auditório lotado de gente que gritava e gesticulava histericamente, me senti absolutamente deslocada e intimidada. Mas, para não voltar a me culpar por falta de coragem, decidi enfrentar a situação até o fim. Usei outra vez um nome falso para concorrer. Quando fui chamada e me vi no centro da barafunda formada no palco, me senti humilhada e ridícula.

Aquela não era a forma que eu tinha imaginado para tentar um outro tipo de trabalho. Iludira-me pensando encontrar pessoas que pudessem me compreender e orientar. Com ódio e vergonha de estar me expondo àquele vexame, não consegui chegar até a metade da música, o que me fez desistir definitivamente da idéia.

Continuei no meu trabalho habitual, me fixando nessa nova empresa.

A vontade de rever o rapaz, com quem tinha começado a flertar através da janela do escritório do Dr. Aluísio, me fez ir visitar Vera.

Sem nos vermos há algum tempo, ela me recebeu com alegria. Enquanto ouvia suas novidades, sentei-me de modo a poder enxergá-lo por um canto da janela.

Lá estava ele, como sempre, debruçado sobre uma prancha, traçando riscos com réguas e compasso. Observei-o nessa posição durante muito tempo, até que ele, erguendo o rosto para examinar seu desenho a distância, me viu. Sua surpresa se desfez num sorriso. Correspondi seu cumprimento discretamente para que Vera não percebesse o real motivo de minha visita.

A partir de então, antes de voltar para casa, passei a freqüentar o escritório de Vera.

Jamais o via a não ser além daquelas vidraças. Até uma tarde em que, ao comprar uma revista na banca em frente ao seu edifício, dei de cara com ele à minha frente. O encontro foi tão repentino que só consegui me fixar no verde magnífico de seus olhos em contraste com o moreno da pele.

Dirigiu-se a mim com tamanha naturalidade que anulou, por completo, qualquer manifestação minha de defesa ou inibição. Acompanhou-me até o início do corredor, onde tomamos direções opostas, cada qual para sua sala. Nessa tarde não olhei-o pela janela para não demonstrar excessivo interesse e porque gostava de degustar, aos poucos, o sabor de minhas emoções amorosas.

No dia seguinte, assim que me viu na sala de Vera, ele me chamou ao telefone. Luciano era seu nome. Convidou-me para dar um passeio antes de apanhar meu ônibus de volta para casa. E, a partir de então, esses passeios tornaram-se um hábito diário.

Luciano logo me revelou que era desquitado e tinha uma filha de cinco anos, que vivia com a ex-mulher.

Quando completei meu curso na Escola de Comércio, nas noites em que não ia às aulas de estenografia, Luciano me levava para jantar nos mais variados restaurantes.

Admirava sua desenvoltura ao entrar nos lugares, fazendo com que o atendessem prontamente. Agradava-me estar junto de um homem seguro e experiente. Era ele quem me sugeria sempre as escolhas diante do cardápio. A atração que exercia sobre mim era forte, mas não me sentia em perigo ao seu lado. Talvez porque tivesse confiança em si, me conquistava com calma, sem precipitação.

Só quando me fez conhecer uma boate pela primeira vez, depois de me ver entontecida pela bebida e pela penumbra do ambiente, é que me beijou e acariciou — e o fez tão habilmente que nem sequer pude fingir resistência.

Quando na semana seguinte ele me convidou para conhecer outra boate, em Santo Amaro, longe da cidade, sabia que era para enfraquecer minha defesa e avançar mais nas carícias. Mas eu me deixei levar porque essa era também minha vontade, ainda que continuasse irredutível em me manter virgem. Luciano já pressentira isso.

Ao sairmos da boate, numa rua escura e deserta, agarrou-me junto aos restos de uma demolição, e me fez sentir seu sexo junto ao meu de jeito a não ameaçar minha virgindade.

Tinha remorsos por não estar correspondendo, fielmente, à pureza que meu pai esperava de mim. Mas essas eram as únicas sensações agradáveis que eu conhecia.

Meu pai voltou de Campos do Jordão curado, disposto a recomeçar o trabalho. Achei que, desta vez, conseguiria convencê-lo a nos mudarmos para um lugar melhor, mas minha esperança logo se desfez. Ele afirmou não estar com ânimo para mudanças, além de lhe ser cômodo morar próximo ao trabalho.

Por pensar que eu era tão inocente como antes, talvez não lhe fosse constrangedor, como a mim, dormirmos outra vez num mesmo quarto.

Estava feliz com sua volta, mas sentia falta da liberdade a que me habituara na sua ausência.

Meus encontros com Luciano tiveram de ser reduzidos. Era preciso acostumar meu pai, aos poucos, com minhas saídas. Luciano não se conformava. Queria continuar a me ver como antes. Foi difícil convencê-lo de que esse sacrifício era necessário, temporariamente.

Tornando a voltar para casa no horário de antigamente, reencontrei Flávio no trajeto do ônibus. Nunca mais nos tínhamos visto. Quando se sentou ao meu lado, fiquei espantada com o meu desembaraço, apesar de sua presença ainda me ter emocionado.

A mudança em meu comportamento encorajou-o a me convidar para um encontro depois do jantar, para conversarmos mais demoradamente.

Ao me flagrar ansiosa pela hora do encontro, percebi que ainda não o tinha esquecido, mas apenas o congelara no pensamento. Queria ver se agora, que tinha mais experiência com os homens, conseguiria quebrar a barreira que havia sido criado entre nós.

Quando cheguei, Flávio já estava à minha espera no lugar marcado.

Com inúmeras novidades para nos contar caminhamos a esmo até que desembocamos automaticamente na rua escura, particularmente procurada pelos namorados. Percebi sua estranheza ao me ver entrar nessa rua sem demonstrar a hesitação de antigamente. Eu estava provando, pela primeira vez, a sensação de me sentir solta diante dele e, como por encanto, não havia mais nenhum obstáculo entre nós.

Essa constatação me fez ficar eufórica e comecei a rir. Minha alegria contagiou Flávio que, rindo também, me suspendeu no ar em seus braços e, me carregando assim, seguimos gargalhando de felicidade até que me pousou no chão, contra um muro, e me beijou na boca. Esfregando-se contra mim, suas mãos corriam ávidas pelo meu corpo.

Tê-lo, afinal, delirando de paixão, como sempre desejara, me deu uma sensação inigualável de prazer e de triunfo. Mas ainda assim quis me vingar. Deixá-lo insatisfeito, transtornado de desejo por mim, foi a forma que encontrei de fazê-lo. Levei-o ao auge da excitação para interrompê-lo, com a promessa de encontrá-lo outro dia.

De volta, em casa, fiquei surpresa de ver que meu despudor, em lugar de afastá-lo como eu supunha antes, só tinha aumentado seu interesse por mim.

Para encontrar Flávio, eu tinha permissão de meu pai, ainda que fosse com hora marcada para voltar. Pelas ruas escuras, contra os muros abandonados, vivíamos todas as sensações que havíamos contido antes.

Uma noite, depois de nos roçarmos até a loucura, Flávio me pediu para que fôssemos ao seu quarto.

— Como, se você mora com a família toda?

— A janela do meu quarto dá para o jardim. Podemos entrar sem sermos vistos.

Flávio me levou até a frente da casa. As luzes já estavam apagadas. Todos dormiam.

Deixou-me diante de sua janela e entrou pela porta da sala, sem acender a luz. Daí a pouco, abriu a janela por dentro e tomou-me nos braços para transpô-la.

Sob total escuridão, me pôs sobre sua cama e deitou-se em cima de mim. Tentava tirar minha roupa mas eu não deixava. Acariciava meus seios descobrindo-os pelo decote. Lutava para levantar minha saia, quando ouvimos passos no corredor.

Flávio se levantou com cuidado e se pôs atrás da porta à espera de que os passos se decidissem. Vieram naquela direção. Do outro lado da porta, sua mãe perguntou se estava tudo bem pois lhe parecia ter ouvido barulho. Disfarçando a emoção, respondeu que era ele que acabava de deitar-se. A luz do corredor apagou-se e o silêncio voltou a reinar.

Flávio se consumiu de gozo entre minhas coxas, contorcendo-se para que seu gemido não fosse ouvido.

Foi a última vez que o encontrei.

Não podia mais suportar o pavor de ser descoberta por Luciano. Ele já tinha me dado mostra de que era ciumento, e estava me pressionando para encontrá-lo, mesmo contra a vontade de meu pai. E, agora, Luciano era mais importante para mim do que Flávio.

XV

Já tinha preparado meu pai para aceitar a idéia de que iniciara um novo namoro, sem dizer que era com um homem desquitado. Mesmo assim, recebeu a notícia com certa reserva.

Luciano alugou um pequeno apartamento na cidade e, nele, aos sábados e domingos à tarde, encontrava um pouco do que gostaria de ter em minha casa: um canto com uma vitrola onde podia ouvir minhas músicas preferidas. O primeiro disco que comprei foi *As sílfides,* de Chopin. Amava essa música desde o dia em que assisti ao seu balé, numa *matinée*, na galeria do Teatro Municipal.

Além de Chopin, meus compositores favoritos eram Wagner, Beethoven, Ravel, Rachmaninoff, Rimski-Korsakov. Gostava de todo tipo de música, da clássica ao flamengo, da valsa vienense ao tango e outras músicas populares.

Em seu apartamento podíamos ficar à vontade, sem o receio de sermos surpreendidos como quando tínhamos que nos acariciar nos lugares mais impróprios: nas cabinas de banho de uma pequena praia da represa de Santo Amaro ou no mato, perto de um rio onde Luciano me levava para pescar.

Em sua cama, eu já consentia em me deitar nua ao seu lado. Ele não tentava mais me desvirginar, porque nas vezes em que tentou eu estraguei tudo, com minha total retração.

Seu ciúme doentio começava a me deixar inquieta. Quando me pegava com o olhar abstraído no vazio, procurava logo ver se não havia ninguém naquela direção.

No cinema, em vez de ficar com a atenção voltada para a tela, passava o tempo todo preocupado com os movimentos de quem estivesse sentado ao meu lado.

Num restaurante criou um atrito com o garçom porque este, ao me servir, encostou a manga do paletó em meu braço. No mesmo lugar, quase agrediu um homem que estava sentado de frente para mim numa mesa distante, por cismar que ele havia escolhido aquela posição, às suas costas, para melhor poder me olhar. Já não conseguia fazer qualquer gesto sem temer sua reação.

Com a continuidade de nossas relações, engravidei ainda virgem. Fiquei desatinada. Achava impossível acontecer tal coisa. Luciano me levou a uma parteira, que confirmou a gravidez, assim como a virgindade. Com medo de desgostar meu pai, pensei numa hipótese: abortar com uma intervenção cirúrgica, pela barriga, para poder preservar a virgindade.

Luciano ouviu perplexo minha decisão e, com paciência, me fez compreender que era impossível o que eu pretendia. Primeiro por ser um método jamais usado; segundo porque, mesmo que o fosse, ninguém aceitaria operar uma menor sem autorização do pai. Disse ainda que mesmo para um aborto comum seria necessário recorrer a uma parteira clandestina, pois médico algum o faria.

Depois de me debater vários dias com o problema, vi que não restava outra solução senão fazer o aborto com a parteira que já me havia examinado. A operação foi marcada para a semana seguinte.

Luciano queria me possuir totalmente. Achava que, diante do inevitável, eu acabaria cedendo. Mas eu me negava. Acreditava que, submetendo minha virgindade ao bisturi e não ao seu sexo, estaria livre de culpa.

Uma tarde, deitada ao seu lado, ainda me debatia, já sem inteira convicção, até que ele, dominando minhas últimas forças, conseguiu me penetrar. Soltei um grito de dor e de remorso, como se minha própria existência estivesse sendo fendida. Ainda soluçava quando Luciano procurou me acalmar, me afagando como a uma criança. Depois me vestiu com carinho e me levou até um restaurante, insistindo para que eu me alimentasse, pois o enjôo me impedia de comer há dias. Cheguei em casa propositadamente tarde, quando meu pai já estava dormindo. Não tinha coragem de encará-lo. Passei a noite em claro. O aborto estava marcado para o dia seguinte. Saí de casa cedo, sem ver meu pai.

Enquanto a parteira me fazia a operação sem anestesia, Luciano esperava numa sala ao lado.

Suportei a dor como purgação.

Saí de lá me sentindo fraca e mudada.

XVI

Mudei para outro emprego, iniciando como datilógrafa numa companhia importante. Nessa empresa, quase todas as moças eram estenodatilógrafas e falavam vários idiomas. Observar que o nível social e de trabalho delas era superior ao meu me desafiava a superá-las. Ao encontrá-las no bar, à hora do lanche, por mais esforço que fizesse, não conseguia me relacionar. Não sabia se essa dificuldade era motivada só por timidez ou por receio de que descobrissem minha origem.

Uma das moças, a mais comunicativa, conseguiu fazer amizade comigo. Mas depois que começou a namorar um rapaz que trabalhava em minha sala, com o qual eu tinha certa camaradagem, passou a me hostilizar. Aliás, era sempre mais fácil entender-me com os colegas homens. As mulheres, em geral, pareciam me olhar com certa prevenção.

Joana, a mais velha, embora se desse com todos, era reservada como eu. Ela, que a princípio me parecia a mais hostil, depois de certo tempo passou a me aceitar. Era a funcionária mais antiga e respeitada, tendo uma sala só para ela como secretária do Dr. Roland — um dos diretores mais importantes e atraentes da firma. Delicada, Joana me protegia alertando-me sempre para detalhes importantes das tarefas.

À medida que comecei a me interessar pelo trabalho e pelo curso de francês que havia iniciado, Luciano se tornou mais enciumado. Nossos encontros ainda eram cheios de ardor sexual, mas eu já não o queria como antes.

Suas crises de ciúmes começavam a oprimir até meu pensamento. Ultimamente, além das cenas em lugares públicos, me submetia a interrogatórios sobre as pessoas do trabalho e do curso para ver se me pegava em contradição.

Sentia que ele queria tornar nossa união indissolúvel e isso me amedrontava. Nunca pensara em aliar meu futuro ao de ninguém, a não ser na vez em que me apaixonei por Flávio. Não sabia claramente o que pretendia, mas tinha certeza de que meu objetivo não era viver em função de Luciano, como ele desejaria. Queria ser livre para provar todas as possibilidades que eu via se ampliarem à minha frente. Talvez por pressentir isso é que ele se tornava cada vez mais possessivo.

Ao descobrir que Luciano era desquitado, meu pai exigiu que o deixasse. Ele sempre tinha o dom de fazer prevalecer sua vontade de forma a parecer que eu mesma a tivesse escolhido. Não relutei em comunicar a Luciano a imposição de meu pai, porque eu mesma já estava pretendendo me afastar dele, senão total, pelo menos parcialmente. Mas não foi fácil convencê-lo que era necessário reduzir nossos encontros, ao menos até que me pai se acalmasse.

Apesar da promessa que fez, no dia seguinte logo cedo, assim que desci do ônibus na cidade, já suas mãos me agarraram o braço para me conduzir até o escritório. Disse que iria me buscar no fim da tarde, porque tinha um assunto importante para me falar. Passei o dia inquieta, sentindo-me ameaçada.

Quando desci, no fim do expediente, já estava à minha espera, do outro lado da rua. Negando-me a jantar com ele, porque prometera ao meu pai chegar cedo em casa, me levou até uma confeitaria para dizer:

— Eu já sei por que teu pai está contra mim. Ele acha que, não podendo me casar legalmente com você, não posso te dar segurança.

— Não é isso. Ele acha que sou muito nova para já escolher alguém.

— Para que ele não duvide de mim, diga que pretendo passar para o teu nome a casa que estou construindo em Interlagos.

— Não é esse o problema. Eu até já pedi que ele falasse pessoalmente com você. Mas ele disse que não tem nada a dizer. Só quer que eu me afaste porque você é desquitado e já tem um filho.

— Mas quando ele souber que vou te dar essa segurança, vai acreditar em mim, tenho certeza.

— Vou falar, mas sei que não vai adiantar.

Ele já tinha me levado algumas vezes para ver a construção dessa casa, dando-me a entender que nela é que iríamos viver um dia. A primeira vez que a vi fiquei animada. Seria maravilhoso sair da pensão para morar nela. Mas logo abandonei a idéia, quando me lembrei de que, em troca, seria aprisionada dentro dela pelo seu ciúme.

Luciano não se conformava com a impossibilidade de continuarmos. Ignorava as exigências de meu pai e ia me encontrar contra minha própria vontade.

Havia mais um motivo que me fazia querer afastá-lo. Era o Dr. Roland. Não conseguia tirá-lo do pensamento desde o dia em que o vi atravessando minha sala a caminho da diretoria.

Por isso é que tinha procurado conquistar a simpatia de Joana, sua secretária: para me sentir, mesmo que indiretamente, próxima dele.

Tempos depois, quando ela foi transferida para o Rio de Janeiro, fui chamada a substituí-la. Não tive coragem de perguntar-lhe se a sugestão tinha sido feita por ela ou pelo próprio Dr. Roland. Achava inacreditável ter conseguido justamente o lugar que mais desejava naquela organização. Instalada naquela sala confortável — só para mim —, senti-me satisfeita por ter passado à frente de minhas colegas.

Quando me via diante do Dr. Roland, cuidava de assumir uma expressão impenetrável, para que não descobrisse as fantasias eróticas que vivia fazendo com ele.

O ciúme de Luciano era proporcional ao meu interesse pelo Dr. Roland. Ainda saía com ele, mas por medo. As crescentes cenas que criava e suas últimas ameaças faziam-me temer dele não só um grande escândalo mas até um crime.

Eu acabava de taquigrafar uma carta ditada pelo Dr. Roland. Já tinha taquigrafado outras, mas sem a rapidez ideal. Tinha ainda certa insegurança, mas isso não parecia incomodá-lo. Ou talvez não a notasse devido à seriedade que estampava na cara para disfarçá-la.

Queria descobrir se o clima que eu sentia existir, sempre que ficávamos sozinhos em seu gabinete, era sentido por ele também. A mim, perturbava a ponto de não conseguir ficar na sala um minuto depois de ter ele ditado a última palavra. Fugia.

Um dia, ao sair após um ditado, já com a mão na maçaneta da porta que dava para minha sala, ouvi-o dizer:

— Não sabia que você era menor. Estava certo de que tinha mais idade.

Embaraçada por estar tocando num assunto que não se relacionava com o trabalho, só consegui responder:

— É, mas logo vou ser maior.

E retirei-me antes que continuasse e eu não soubesse o que dizer.

Fiquei apreensiva querendo descobrir a razão daquele comentário. "Seria empecilho para continuar no lugar em que estava? De que forma teria sabido? Então não me ignorava totalmente como às vezes supunha."

O mais estranho de tudo foi que no momento em que ouvi sua voz falando sobre mim, senti como se ele estivesse me tocando fisicamente. Por detrás da seriedade com que nos tratávamos, parecia haver um entendimento tácito entre nós.

Dias depois, enquanto eu batia à máquina, distraída, ele irrompeu em minha sala, de manhã, transbordando de bom humor e abrindo uma das minhas gavetas, tirou uma fotografia dizendo:

— Foi por isso que fiquei sabendo da sua idade. Tem a data atrás.

Deixou a fotografia sobre minha mesa e retirou-se para sua sala. Era uma foto em que eu aparecia com um maiô de duas peças, tirada no dia em que fui conhecer Guarujá com Luciano.

Fiquei divagando sobre qual teria sido a sua reação ao vê-la. Tinha-a deixado lá, premeditadamente, para que ele a visse ao acaso.

XVII

A presidência da companhia, luxuosamente instalada, ficava no andar de cima. Tinha um salão para conferências, todo atapetado, com poltronas de couro preto, circundando uma grande mesa retangular, mais o gabinete do presidente, também atapetado, com uma enorme escrivaninha, sofás de couro e lustres de alabastro. A sala destinada à secretária era igualmente decorada. Jamais pensara que seria transferida para esse lugar, alguns meses depois, quando o Dr. Roland foi nomeado presidente da empresa.

Censurava-me por estar interessada num homem casado, mas não conseguia controlar as reações que o Dr. Roland provocava em mim. Tudo nele me fascinava: a nobreza do porte, a maneira de ser, de agir, de vestir, de falar, de gesticular. Seu rosto não era especialmente bonito, mas tinha um *sex-appeal* irresistível. Era maduro, de origem belga, sem nenhum sotaque.

As poltronas de sua nova sala eram tão macias que, quando me sentava nelas para taquigrafar, afundavam de tal forma que era preciso ajeitar constantemente a saia, para que não subisse demais.

Com o rosto voltado para o bloco de papel que apoiava na perna, tinha a sensação de que, enquanto eu anotava as palavras do Dr. Roland, parte por parte do meu corpo estava sendo examinada pelos olhos dele. Mas, por timidez e também por gostar de saborear essa dúvida, não ousava erguer a cabeça para ver se realmente ele me estaria examinando.

Até que um dia resolvi tirar a dúvida. Ergui o rosto antes que terminasse de ditar um parágrafo, e flagrei-o com os olhos pregados em minhas pernas. Apanhado de surpresa, não procurou disfarçar, como eu esperava. Ficou como estava, como para dar a entender que olhava casualmente naquela direção. Depois de alguns segundos desviou o olhar das minhas pernas e me encarou nos olhos para ditar a frase seguinte. O brilho que havia em seu olhar me perturbou e, enrubescida, voltei o rosto novamente para o papel.

Com ódio de não ter tido coragem de desafiá-lo, encarando-o até que ele, e não eu, se desconcertasse, saí de lá sentindo-me como derrotada num jogo. Mas ao mesmo tempo estava satisfeita, porque tinha comprovado que ele também se comprazia com esse tipo de jogo.

A possessividade de Luciano começou a me levar ao desespero. Andava na rua agarrado ao meu braço, como se eu fosse fugir a qualquer momento. Quando o via me aguardando como um vigia, na saída do escritório ou do curso, caminhava em sua direção como uma condenada.

Perdi a esperança de me livrar dele impunemente. Não sabia mais o que fazer. Se contasse a verdade a meu pai, se lhe dissesse que Luciano insistia em me procurar mesmo depois que me proibira de vê-lo, certamente ele iria querer falar diretamente com Luciano. E eu sabia qual seria o resultado: Luciano prometeria uma coisa e faria outra comigo.

Uma tarde me obrigou a acompanhá-lo a uma casa de chá para me dizer que estava terminando a construção da casa e que pretendia me levar para ela, depois de passá-la em meu nome, mesmo que não conseguisse a aprovação de meu pai.

Ao medir a extensão de seu equívoco, fiquei tão aturdida que sua imagem se desfocou à minha frente e sua voz chegava aos meus ouvidos como um zunido estranho.

No turbilhão de idéias que se acumularam em minha cabeça, só uma consegui ver com clareza: a necessidade de fugir dele, sem perder um só minuto.

Meu cérebro passou a funcionar com a rapidez e precisão de um computador enquanto exteriormente fingia estar acompanhando o que ele dizia.

Embarcar para o Rio de Janeiro, indo ao encontro de Joana, sem deixar pista, me ocorreu como única solução. Era a maneira, também, de manter um laço, ainda que longínquo, com o Dr. Roland.

Ao encontrar essa solução senti-me aliviada e suficientemente segura para ficar diante dele até que se despedisse, sem desconfiar de nada. Qualquer falha teria sido fatal, porque ultimamente ele investigava até a entonação da minha voz ao mesmo tempo que me examinava os olhos à procura de alguma expressão suspeita.

Para realizar meu plano era necessário contar com a ajuda de meu pai. Por isso contei-lhe a verdade assim que cheguei em casa. Disse-lhe que Luciano estava me perseguindo e que me sentia ameaçada.

— Por que não disse antes para que eu tomasse uma providência?

— Porque sei que não ia adiantar nada. Ele ia lhe prometer uma coisa mas continuaria a fazer o que bem entendesse. Se quer mesmo me ajudar a me ver livre dele, tem que acreditar em mim. É inútil falar com ele. O único jeito é eu sumir, sem deixar vestígios. Nada mais vai adiantar. Já tentei todas as formas.

— E o que pensa fazer?

— Ir para o Rio de Janeiro. Lá eu posso encontrar Joana e ficar com ela por uns tempos. É capaz até que eu arranje um trabalho junto dela.

— Tem certeza de que é preciso tudo isso?

— Absoluta. Se o senhor não me ajudar, vai se arrepender. Se teimar em resolver o senhor mesmo o problema, a coisa vai acabar mal. Não posso suportar essa situação nem mais um dia.

— Quando você pensa ir?

— Já, antes que ele desconfie de alguma coisa. Amanhã mesmo aviso no escritório que tenho de sair, por motivo de saúde e, no dia seguinte, pego um avião. Não posso ficar aqui nem uma hora depois de ter deixado a companhia. Ele vai telefonar para lá, como faz sempre, e quando souber que deixei o emprego vai vir até aqui. É preciso inventar para o pessoal da pensão que tive que viajar para o Rio Grande do Sul, a fim de encontrar parentes seus que chegaram da Itália. Assim, se ele vier atrás de informações vai perder qualquer pista.

Minha sinceridade convenceu meu pai a me auxiliar. Tinha a meu favor o fato de ele já conhecer Joana e tê-la em boa conta.

No dia seguinte, no escritório, assim que o Dr. Roland chegou, fui à sua sala:

— Venho avisar que hoje é o meu último dia de trabalho aqui no escritório. Tenho que me afastar por motivos de saúde...

— É por causa daquele rapaz que vem sempre buscá-la, não é?

Surpresa por ter ele adivinhado o motivo, não consegui falsear:

— Mais ou menos.

— Tenho te observado e gostaria de conversar sobre esse assunto, antes que vá embora. Que tal hoje, quando terminar o expediente?

— É impossível. A essa hora ele vem me buscar.

— Então vamos nos encontrar, às três horas, no Parque Siqueira Bueno, na Avenida Paulista.

— Está certo.

Voltei atônita à minha sala. Então o Dr. Roland acompanhava meus passos como eu os dele? Era incrível que só a iminência do perigo me fizesse descobrir o que sempre quis saber. Aquela revelação era tão emocionante que chegava a ameaçar a minha firmeza. Mas era preciso afastar qualquer emoção. A menor hesitação, naquele momento, botaria tudo a perder.

Fui ao encontro do Dr. Roland estranhando muito vê-lo fora do escritório.

A urgência e a aflição suplantaram o pudor de conversar com ele sobre minha vida privada. Quando lhe disse que ia para o Rio de Janeiro encontrar Joana, ficou preocupado:

— Você acha que é realmente necessário sair de São Paulo?

Expus tudo o que podia sobre o temperamento de Luciano, como fizera com meu pai.

— Acredito que esteja falando a verdade. Vi vocês dois, várias vezes, do meu carro, e percebi que você estava sendo coagida. Ele me deu a impressão de ser um tipo perigoso. Tive vontade de ajudá-la mas achei que podia reagir mal se tocasse no assunto. Já que está decidida a ir, é conveniente ficar uns dias em Niterói, antes de se fixar no Rio, para não deixar nenhuma pista. Do jeito que ele é, pode investigar e descobrir que Joana está no Rio e ligar uma coisa à outra.

— Como faço para ir até lá? Não conheço o Rio...

— Assim que chegar ao aeroporto, pegue um táxi e peça para ir até a Praça Quinze, de onde sai a barca para Niterói. Lá, peça ao táxi que a leve diretamente ao Hotel Icaraí. Dentro de uma semana tenho que ir ao Rio. Espere que vou buscá-la no hotel.

No dia seguinte logo cedo, meu pai me levou até ao aeroporto.

Era uma aventura extraordinária, entrar num avião pela primeira vez, rumo a uma cidade desconhecida.

A comissária do DC-3 avisou que o avião estava se aproximando do Rio. Olhei para baixo e vi a paisagem que conhecia de cartões-postais. Ao desembarcar, tomei um táxi direto à Praça Quinze e, em seguida, a barca para Niterói.

O Hotel Icaraí era velho e sem movimento. Eu passava o dia na praia. À noite, me sentia absolutamente solitária naquele imenso hotel, já semi-abandonado. Só mesmo a espera do Dr. Roland me dava forças para suportar o desterro. "E se não viesse? Saberia me orientar sozinha?"

Vista da minha janela, a iluminação feérica serpenteando o litoral do outro lado da baía me fazia imaginar que o Rio era uma grande e ininterrupta festa de luz e beleza.

Ao fim de uma semana, recebi carta de meu pai, contando que Luciano tinha aparecido em casa algumas horas depois de minha partida e que, vendo-o transtornado, resolveu conversar com ele. Não contava o teor da conversa. Dizia apenas que Luciano se mostrara preocupado com que eu aceitasse "proteções". Mas que já estava tudo calmo, que ele ignorava onde me encontrava e que já podia ir para o Rio, sem receio, ou mesmo voltar para casa.

Voltar para São Paulo, eu não voltaria. Se Luciano me visse, antes que seu apego tivesse passado por completo, iria com certeza perseguir-me. Teria convencido meu pai do contrário para ver se eu caía na armadilha.

O Dr. Roland apareceu lá, numa tarde em que eu voltava da praia. Sua chegada me encheu de ânimo e alegria.

Falei-lhe sobre a carta de meu pai. Concordou com que já era tempo de eu ir embora dali. Tinha vindo para me buscar. Subi para preparar as malas. Quando desci o Dr. Roland já havia pago a conta do hotel. Atravessada a baía me levou para o Hotel dos Estrangeiros, no Flamengo, cujo gerente ele conhecia, podendo assim dar um jeito quanto à minha idade. No Hotel Icaraí não tinha sido fácil vencer a dificuldade criada por eu ser menor.

Nos três dias em que ficou no Rio, o Dr. Roland me convidava para almoçar, no Restaurante Albamar, no mercado, à beira-mar. À tarde encontrava-me com ele no bar do Hotel Serrador, onde estava hospedado. Sendo um *gourmet*, tinha prazer em educar meu paladar, fazendo-me conhecer pratos e vinhos extraordinários.

Estava sempre rodeado por homens de negócios, todos bem-vestidos, ricos e dominantes. Sentia pudor em pensar que seus amigos pudessem me julgar sua concubina. E percebia, a contragosto, que me respeitavam porque era justamente isso o que imaginavam. À hora do drinque, nos encontrávamos mais cedo, antes que eles chegassem, para ficarmos a sós.

Nesse novo tipo de convivência, meu sentimento com relação a ele mudou. A cautela superava o erotismo. Tinha medo de seu mundo, da cidade desconhecida, de que esperasse de mim mais do que estava decidida a oferecer-lhe e, assim, perder a sua proteção. Desde que tivera o problema da minha gravidez, tinha decidido me portar novamente como virgem.

Dr. Roland me aconselhou a procurar nos jornais um lugar para morar com alguma moça que já tivesse apartamento. Quanto a emprego, achava mais prudente procurar outro que não fosse junto a Joana, na matriz da companhia, para anular a possibilidade de Luciano vir a descobrir meu paradeiro e também para que nossa ligação não ficasse exposta.

Ao retornar para São Paulo, Roland me pediu que lhe escrevesse quando me mudasse, dando o novo endereço. Quando voltasse ao Rio me procuraria.

Deixou-me em frente ao hotel, num dia esplendoroso. Senti-me, então, absolutamente abandonada. Toda a sensação de segurança e poder que me emprestavam a sua presença e o séquito de homens importantes que o cercavam se desfez e me vi na minha real condição.

Fui para o meu quarto e fiquei deitada na cama, entregue ao desespero. O torpor tomou conta de mim e não conseguia me mover. Para abreviar o sofrimento, desejei morrer ali mesmo, do jeito que me encontrava, olhando para o teto, ouvindo o ronco de um avião que se distanciava e que provavelmente estaria levando Roland.

Não tinha ânimo de sair para a rua e enfrentar sozinha uma cidade inteira, desconhecida. O conforto da riqueza que provara nos dias passados ao lado de Roland tornava minha precariedade ainda mais deprimente. Fiquei horas assim, paralisada, esperando um milagre que me transportasse para um lugar já organizado e seguro. Ou a morte. Era insuportável o peso daquela solidão e impotência.

Chorei por muitas horas. Voltei a mim aos poucos. Precisava partir do nada e não sabia por onde começar. Nem sequer a topografia da cidade conhecia. Não tinha nenhum ponto de referência, a não ser Joana. Tentei estimular-me tomando inúmeros cafés fortes. Com a dificuldade de um convalescente, consegui chegar até o telefone e ligar para ela. Não a tinha procurado antes para que não descobrisse minha ligação com Roland. Joana ficou surpresa ao me ouvir. Marcamos encontro para depois das seis.

Já começava a escurecer quando saí em direção à sua casa, que ficava nas imediações do hotel. As ruas eram estreitas e o calor sufocante. Joana morava num sobrado, num pequeno quarto alugado, desconfortável. Apesar de me sentir só, preferia ficar no hotel onde ao menos havia espaço. De qualquer forma não daria para morar com ela. Joana também me aconselhou a procurar um cômodo pelos jornais.

Com a sensação de estar carregando um peso descomunal nas costas, foi que saí no dia seguinte para comprar jornal. Diante da fileira interminável de anúncios, ficava tonta, desnorteada, querendo adivinhar através dos dizeres o aspecto de cada lugar anunciado. O simples nome de certas ruas me angustiava e deprimia, fazendo-me desistir. Apegava-me a nomes que sugeriam vida. Minha cabeça se embaralhava a ponto de sentir enjôo. Marquei o anúncio de uma senhora que, morando sozinha com um filho de dois anos, oferecia uma vaga em seu apartamento em Copacabana. Ainda não tinha estado em Copacabana. Conhecia apenas o trecho do Flamengo à cidade. Informei-me, no hotel, de que forma chegar até lá. Saltei do ônibus no Posto 6, e segui a pé.

Quando desemboquei na Avenida Atlântica, fiquei paralisada por alguns momentos diante da beleza da praia. Uma onda de otimismo me invadiu a alma e o corpo. Viver perto daquele mar já seria um motivo de felicidade. O endereço anunciado ficava exatamente na esquina da Avenida.

Empolgada, subi no elevador.

À porta, atendeu-me uma mulher bonita, de vinte e cinco anos, mais ou menos. Quando avistei, da janela do apartamento, toda a extensão da praia até o Pão de Açúcar, nem quis saber onde iria dormir.

Era ali mesmo que ia ficar. O apartamento era conjugado. Ela alugava um sofá, na sala, o qual à noite era transformado em cama. A decoração era sóbria e de bom gosto. Não entendi como uma mulher tão fina tinha necessidade de alugar o apartamento. Nossa simpatia foi recíproca.

No táxi, já trazendo as malas, considerava minha sorte: além de um cenário espetacular, teria a companhia de uma pessoa que me agradara à primeira vista. Talvez, através dela, pudesse formar um pequeno mundo em que fosse suportável viver.

Já instalada, permanecia longo tempo no terraço. Fascinada pelo movimento do mar. Nas primeiras noites ficava de vigília, me deliciando com o som das ondas quebrando, até que o sono me vencesse.

Foi fácil me relacionar com Teresa. Era inteligente, educada e com gosto para tudo. Contou-me que viera da

Espanha há três anos, por não suportar a hostilidade da família depois de ter se separado do marido. A própria família, para se ver livre de sua presença, financiou-lhe uma viagem para o Brasil, enviando-lhe uma pequena pensão mensal. Aqui, decidiu ter um filho com o homem que amava, mesmo tendo ele prevenido que negaria a paternidade. Ao saber disso, a família deixou de lhe enviar a mesada. A partir de então, contava apenas com a ajuda de uma viúva rica, madrinha do filho. Com o aumento das despesas, viu-se na necessidade de alugar parte do apartamento. Era admirável o desvelo e responsabilidade com que cuidava do filho.

Teresa era alta, forte, morena, tinha cabelos castanho-escuros, que usava para trás em forma de coque. Vestia-se com roupas finas e discretas. Maquilava-se com produtos estrangeiros de forma também discreta. Tinha um ar aristocrático. Um dia me advertiu, com jeito, que deveria mudar de batom: achava a cor forte demais para a minha idade e o tom da minha pele. Observando-a, aprendi a inutilidade de ter muita roupa, e a prática de ter poucas, mas de qualidade. De meus vestidos, o que preferia era justamente o *tailleur* de linho branco, de que Roland também gostava.

Depois de alguns dias de embevecimento com a natureza, passei a procurar emprego pelo jornal. Arrumei colocação em diversos lugares sem conseguir me adaptar a nenhum. Trabalhava algumas semanas e desistia. Folgava uns dias na praia e retomava a procura.

Não me conformava em sair pela manhã com todo aquele esplendor e ter de me fechar numa sala. Permaneci mais tempo num escritório da Rua do Passeio, porque de lá podia avistar toda a baía.

Teresa às vezes me levava para jantar fora, com amigos seus, que freqüentavam o mesmo tipo de lugar que Roland: restaurantes caros e de aspecto solene.

Roland apareceu para me visitar e, como eu previa, aprovou inteiramente Teresa, convidando-a sempre para jantar conosco ou ir a boates da moda. Teresa passou a namorar um amigo dele e formou-se um pequeno círculo dentro do qual me sentia protegida.

Sempre que vinha ao Rio, Roland se comportava como meu namorado: não se impacientava com os prazeres que lhe permitia antever, mas que me recusava a concretizar, talvez porque saboreasse essas sensações como um retorno à adolescência.

O Rio continuava a ser para mim uma fonte inesgotável de beleza e vida. Quando Teresa e seus amigos me levaram ao baile de Carnaval do Glória, custei a crer que era realidade aquele delírio coletivo. Precisei tomar algumas doses de álcool para suportar a exaltação que aquela visão fantástica provocou em mim.

Em pouco tempo, fui arrebatada pelo ritmo ensurdecedor e me misturei à multidão enlouquecida. Aspirando lança-perfume num lenço, perdi os sentidos por alguns segundos. Recobrei-o no terraço, ao ar livre, com Teresa me segurando.

De madrugada, deitada em minha cama, não conseguia dormir. O batuque surdo da bateria parecia ter se entranhado em meu sangue, reproduzindo dentro de mim aquele ritmo, sem cessar. Minha cabeça era um caleidoscópio de visões e sensações colhidas durante a noite, com detalhes de olhos, rostos, pernas, barrigas, bocas, fantasias, cores, luzes, pares se beijando.

Ao entrar no baile do Municipal, na segunda-feira, já estava inteiramente integrada na loucura carnavalesca. Montada sobre os ombros de um amigo de Teresa, vi um oceano ondulante de cabeças e braços. Meus olhos destacaram como uma lente *zoom*, em plano próximo, gigantesco, o rosto de um rapaz no meio daquele mar de gente. Creio que ele também me viu da mesma forma, porque, a partir desse momento, passamos a provocar a aproximação de nossos grupos. Depois que conseguimos misturá-los, nos desviamos para dançar sozinhos, colados, como se ninguém mais existisse à nossa volta.

No fim do baile, ele se ofereceu para me levar em casa. Saímos com um de seus amigos e Teresa. Quando ele sugeriu que fôssemos antes até a Barra da Tijuca, esperei a opinião de Teresa, pois não conhecia o lugar.

Fiquei emocionada quando vi a imensidão da praia deserta e selvagem, com a luz da aurora começando a colorir o horizonte. Quando o carro parou, saímos saltando pela praia como potros desembestados, até que começamos a rolar pela areia, abraçados, nos beijando.

Depois ele me puxou pelo braço para acompanhá-lo num mergulho. Parei à beira d'água, sem coragem de tirar o vestido. Não podia entrar com ele, era longo e justo. O rapaz arrancou o *smoking* e, de cuecas, atirou-se ao mar, seguido do amigo e de Teresa, que mergulhou semivestida. De lá, ele acenava para que eu fosse ao seu encontro.

Minha vontade era arrancar a roupa, mergulhar também, me entregar à exaltação que a vida me oferecia naquele momento. Mas o medo e a desconfiança frearam meus movimentos como se a concretização da minha vontade me levasse fatalmente a um resultado funesto. Tranquei-me toda, e sentada na areia fiquei observando-os.

Não conseguia saber que força era aquela que me reprimia. Não sabia se era o mesmo medo de parecer à-toa que me fez perder Flávio, se era medo de ser castigada, de engravidar, ou se, por desconfiar que o rapaz, pertencendo a um nível social superior ao meu, me desprezaria depois.

Desde que chegara ao Rio, já tinha me envolvido em dois namoros. Ia até o limite extremo das carícias, mas me abstinha do ato sexual, por essa mesma razão.

Quando ele voltou do mar e quis me beijar novamente, retesei-me. Não entendendo minha mudança, perguntou se havia acontecido alguma coisa e eu lhe menti.

— Estou cansada, quero ir embora.

Não conseguindo sair da minha retração, chamei Teresa, que conversava mais adiante com seu amigo.

Não sabia por quê, mas tinha que ir embora.

Em casa não consegui dormir, vivendo na fantasia tudo o que tinha deixado de viver na realidade.

XVIII

Quando voltei para São Paulo, foi ainda mais difícil me adaptar à pensão, depois de ter vivido por mais de seis meses no apartamento de Teresa.

Tendo já começado a trabalhar numa outra firma, encontrava Roland quase todos os dias, num bar pouco freqüentado, depois do expediente, antes de voltar para casa. De nossas conversas eu colhia bastante orientação e conhecimento.

Roland achava absurdo eu não me deixar possuir. Dizia-me que havia várias formas seguras de evitar a gravidez e queria me ensinar a fazer amor sem medo.

Quando finalmente me entreguei a ele, fiquei admirada com sua desenvoltura sexual. Derrubava, uma por uma, as minhas inibições, e me induzia a acompanhá-lo em todos os seus requintes eróticos.

Para vencer meu pudor de mostrar-me nua, instigava meu narcisismo. Colocava-me diante do espelho e tirando peça por peça da minha roupa, me fazia admirar, junto com ele, cada parte do meu corpo, acariciando-a, ao mesmo tempo que declarava que era perfeita e que devia me orgulhar de minha nudez, em vez de escondê-la. Adivinhava as formas que me conduziam ao prazer e cultivava sabiamente todas as minhas tendências.

Confiava nele como amante e como amigo a ponto de lhe confessar — e era a primeira vez que o fazia a alguém — que me envergonhava do lugar em que vivia.

Quando lhe disse que meu pai se negava a mudar de lá, não só por não querer se distanciar do trabalho, mas por alegar também dificuldades econômicas, me aconselhou a arrumar-lhe eu mesma um trabalho em outro lugar, para não poder se valer dessa desculpa.

Sugeriu que o cargo de zelador num edifício de categoria seria o ideal por não exigir esforço físico e ao mesmo tempo resolvia qualquer problema no tocante ao aluguel.

Sempre sonhara viver num daqueles suntuosos edifícios da Avenida Ipiranga ou Rua São Luís. Uma tarde saí disposta a averiguar essa possibilidade. Mas ao me ver diante de uma daquelas fachadas, à procura da parte destinada ao porteiro, me senti humilhada e vi que uma coisa era ser inquilino e outra filha do zelador. Meu amor-próprio me fez repudiar a idéia, antes de qualquer tentativa.

Não suportando tampouco continuar a viver na pensão, tentei mais uma vez persuadir meu pai a sairmos de lá:

— Nós dois juntos podemos pagar o aluguel de um apartamento noutro bairro, ou de uma casa por aqui mesmo, se não quiser ficar longe do trabalho.

— Mesmo contando com nós dois não dá, é muito dispendioso. Teríamos de comprar mobília, instalar tudo.

— A gente dá um jeito, procura-se um lugar pequeno.

— Você tem de compreender que não temos condições para isso, e também não tenho mais disposição para mudar de vida. Mas acho justo que você ambicione coisa melhor.

— Se o senhor não quer mesmo sair daqui, posso procurar um lugar para mim sozinha?

— Isso é mais prático. Procure lugar num pensionato de moças, num bairro que goste, ou na casa de alguém como fez no Rio.

— Mas o senhor não vai ficar magoado se eu sair daqui?

— Já disse que acho justo você querer mudar-se. Nós podemos continuar nos vendo sempre: ou você vem me ver ou eu vou te visitar.

Aproveitava a hora do almoço para percorrer os endereços anunciados nos jornais. Das pessoas que alugavam quarto em apartamento, nenhuma me agradara o suficiente para poder dividir minha intimidade. Não encontrava uma situação ideal como aconteceu no Rio. Pensionato eu nem sequer procurava. O simples nome me sugeria a condição da qual queria fugir. Mesmo sem possibilidade de alugar sozinha um apartamento, não deixava de ver os pequenos, na esperança de encontrar um que estivesse ao meu alcance.

Já estava há um mês à procura. Um dia, ao chegar à porta de um apartamento anunciado na Rua do Arouche, encontrei uma moça saindo dele. Depois de um rápido e mútuo exame, ela se dirigiu a mim:

— Você também veio ver para alugar?

— Vim, é bom?

— O preço é muito alto para o tamanho. Tenho visto muitos, mas os aluguéis estão altíssimos. Você tem visto alguma coisa razoável?

— Não, porque tenho procurado mais um quarto em apartamento...

— Talvez a gente pudesse dividir o aluguel, se encontrasse um em condições.

— Quem sabe...

Saímos, trocando idéias e, antes de nos despedirmos, anotamos nossos telefones.

Cinira me impressionou bem. Era mais velha do que eu, alta, magra, elegante, comunicativa e alegre.

Telefonávamo-nos sempre para comentar os lugares vistos. Até que Cinira disse ter encontrado a solução ideal: alugarmos um quarto, com banheiro, num sobrado de Hgienópolis, de uma viúva alemã. Tinha gostado do lugar e queria que eu fosse até lá com ela para ver se aprovava.

O quarto era amplo, de frente, com uma pequena sacada e bem decorado. Cinira disse que melhoraria ainda mais o aspecto dele, com seus objetos de decoração.

Como me havia encantado com aquele bairro, desde o dia em que tinha ido visitar a casa do Dr. Aluísio, concordei logo, mesmo porque senti que poderia ter em Cinira uma irmã mais adulta e experiente.

Logo após eu ter mudado, meu pai foi me visitar, aprovando tanto o lugar, quanto Cinira. Passamos a nos visitar todos os fins de semana.

Sentia-me bem na nova moradia. Não precisava mais esconder meu endereço, como antes.

Meu emprego, porém, era muito distante. Trabalhava num dos inúmeros departamentos de uma grande empresa em Santo André. Acordava muito cedo e, às sete, já tinha que estar na Avenida Rebouças, para tomar o ônibus que me levaria, junto com outros funcionários, até a companhia. Havia aceito esse trabalho tão longe para agradar meu pai, que, preocupado com meu futuro, achava que numa empresa estrangeira eu estaria mais assegurada. Mas para mim era insuportável. Sentia-me lá como uma peça ínfima de uma máquina gigantesca.

Não encontrava alguém com quem pudesse me entender. Pareciam todos conformados e até satisfeitos com o sistema mecânico que lhes era imposto. Só depois de lutar alguns meses, consegui transferência para uma agência da cidade.

Meus encontros com Roland escassearam. Começara a namorar o filho de um dos políticos mais importantes de São Paulo que morava perto de minha casa. Namorei-o até o momento em que compreendi que nada me atraía nele a não ser a importância de seu pai.

Numa visita que fiz ao meu pai num domingo, depois de ter almoçado, recostei-me na cama para descansar e adormeci. Despertei repentinamente com meu pai afagando minha mão contra seu rosto. Estranhando espiei pelo canto do olho e o vi de joelhos, chorando enquanto segurava minha mão. Estremeci. Jamais o tinha visto em atitude semelhante, e jamais tinha visto tampouco aquela expressão em seu rosto.

Comovida, senti vontade de chorar também, mas me contive para não demonstrar meu espanto. E, com a garganta já embargada, tive que fazer força para simular naturalidade e perguntar o que havia acontecido.

Ele me respondeu quase balbuciando:

— Eu não soube ser um pai digno de você.

— Mas que besteira é essa! O senhor sempre foi maravilhoso comigo, e sabe que o adoro.

— Se eu fosse um pai digno, você não teria de já estar trabalhando...

— Mas gosto de trabalhar. Fui eu mesma quem quis. Se não fosse o trabalho, não teria aprendido nada do que já sei. Ele serviu para me dar experiência.

— Eu me sinto derrotado por não lhe ter oferecido vida melhor.

— Que vida melhor, se nunca me faltou nada?

— Nem sequer vou te deixar nada, para ajudar teu futuro, quando eu faltar.

— Mas que conversa é essa? Então o senhor não me ajudou me alimentando bem, me dando saúde, me fazendo estudar? E depois, nunca me preocupei com o futuro, nem sei se existe.

— Porque você não tem senso de responsabilidade.

— Eu tenho é confiança em mim. O senhor está se preocupando com um problema que não existe. Está inventando essa história toda porque está perturbado, deve ter sofrido algum abalo nervoso. Amanhã mesmo vou procurar um médico para vê-lo.

— Não estou doente.

— Claro que está, senão não estaria dizendo essas coisas absurdas. Vou marcar uma consulta e venho buscar o senhor.

— Está vendo? Você que ainda é menina é quem me ajuda, e eu, que sou pai, não ajudo em nada.

— Mas eu vou fazer isso porque quero e não porque o senhor necessita de ajuda minha.

— Vai ser uma despesa à toa. Não preciso de médico.

— Mas vou marcar hora de qualquer jeito, mesmo que depois o senhor não queira ir.

Fiquei longo tempo tentando convencê-lo de que todas as suas preocupações eram vãs, mas, mais do que a mim, ele parecia ouvir sua voz interior. Depois de vê-lo mais calmo, me despedi demonstrando segurança e naturalidade, mas, ao me ver sozinha, desabei.

Jamais imaginei que ele, sempre tão dono de si, pudesse um dia chorar e se autodesprezar daquele jeito. Que teria provocado aquele aniquilamento? Teriam sido mesmo as razões que alegou? Ou seria eu a culpada daquilo? Teria minha amizade com Roland cooperado para que se sentisse derrotado? Eu lhe havia falado várias vezes de Roland, dando a entender que tinha se transformado num amigo, cujas idéias eu acatava.

Lembrei-me então de uma vez que, ao falar de Roland, ele insinuou que mais do que amigo eu via nele um possível "protetor".

Embora eu tivesse negado firmemente sua insinuação, ela me pôs em dúvida comigo mesma. E tive que reconhecer que, se eu não contava com nenhum apoio material de Roland, no fundo eu gostaria de ter. Tive que reconhecer também que, quando elogiava suas qualidades, pretendia na verdade ganhar a cumplicidade de meu pai, para me ver livre de culpa, se um dia viesse a receber alguma ajuda de Roland. Teria ele percebido essa minha manobra e, não querendo me acusar, acusava-se a si próprio?

Fazendo todo tipo de conjeturas não consegui dormir até que o dia chegasse e pudesse tomar providências práticas quanto ao estado de meu pai.

Logo cedo contei a Roland, pelo telefone, o que se havia passado. Ele me acalmou, dizendo que devia ser uma crise nervosa, e me indicou o melhor neurologista que conhecia.

Marcada a consulta para o dia seguinte, fui buscar meu pai. Foi difícil fazê-lo entrar no táxi: achava a despesa inútil, já que podíamos ir de ônibus. O médico diagnosticou uma depressão nervosa sem gravidade, que podia ser eliminada com alguns tranqüilizantes.

Levei-o de volta para casa, e fiquei algum tempo em sua companhia. Estava mais calmo, mas parecia conservar um certo alheamento, mesmo conversando normalmente. Antes que eu saísse, prometeu-me seguir as prescrições médicas. Fui vê-lo no fim da semana e ele estava bem.

No domingo seguinte, ele é quem foi me visitar, e tudo voltou ao normal.

Numa manhã ensolarada de sábado, saí de casa para visitar meu pai. O esplendor do dia me fazia transbordar de otimismo.

Atravessei feliz o Viaduto do Chá. Não tinha mais do que me queixar. Vivia num lugar de que gostava, tinha a amizade valiosa de Cinira e estava indo ao encontro de meu pai.

Quando cheguei à pensão já eram dez horas. Ao encontrar D. Nena na sala, perguntei por ele. Ainda não tinha saído do quarto, me disse ela.

Bati à sua porta mas ninguém respondeu. Voltei a D. Nena, que já se encontrava no quintal lavando roupa, e indaguei se não teria saído sem ser visto. Afirmou-me que não o vira sair.

Voltei e bati mais forte na porta. Ninguém respondeu. Dei a volta pelo lado de fora e olhei através da tela metálica, que havia no lugar dos vidros, para ventilação. Vi seu corpo até a altura da cintura, deitado na cama. Tive um pressentimento horrível.

Comecei a chamá-lo aos brados, e, não obtendo resposta, esmurrei a janela até arrebentá-la. Saltei para dentro, e o encontrei pálido, sereno, inerte. Duvidando do que via, aproximei-me. Tomei sua mão, estava gelada.

Encostei o rosto em seu peito: guardava ainda um resquício de calor.

Incrédula, olhei ao redor do quarto e vi sobre a mesa uma xícara, ao lado de uma lata de soda cáustica. Tive, nesse instante, a sensação de que também morria.

XIX

Meu amado pai. Vejo-o ainda deitado, com o semblante sereno, as mangas da camisa arregaçadas, como se estivesse repousando. Uma mão sobre o peito, a outra caindo da extremidade da cama. Uma perna sobre a cama, a outra apoiada no chão.

Com o rosto colado no peito ainda morno, fiquei abaixada não sei quanto tempo, esperando que a força do meu amor e vitalidade fizessem reanimar seu coração.

Meus olhos se fixaram na placidez de seu rosto. Via, com maior nitidez, a boca bem traçada, o nariz perfeito, os cílios escuros e espessos fechando as pálpebras, a testa altiva, a calvície inteligente. Aquilo tudo formava um corpo, uma pessoa, um homem cuja vida estancara aos cinqüenta anos e jazia inerte diante de mim.

Levantei-me num berro de dor.

Pessoas chegaram correndo, falando, gesticulando e me afastando de perto.

Não conseguia chorar. Só tinha uma coisa em mente: deixar de existir, como ele. Tinha certeza de que essa minha vontade se realizaria, já que, desde criança, o apelo que fazia a Deus, em minhas orações, era que me levasse ao mesmo tempo que meu pai.

Isolada num canto, concentrada nesse pensamento fiquei à espera de que um transporte divino me arrebatasse também. Vi-me depois no necrotério, apoiada no braço de Luciano (não sabia como ele tinha aparecido, talvez eu mesma o tivesse mandado chamar), diante do corpo inerte.

Agora as lágrimas corriam sem parar. Queria ficar a sós. As poucas pessoas que havia em volta perceberam que me incomodavam e saíram.

Contemplando o rosto amado, imaginava as torturas por que teria passado até ingerir o veneno. Na certa teria avaliado o quanto eu iria sofrer; se não fosse isso, provavelmente teria desertado da vida há mais tempo. Por isso parecia tão distante ultimamente. Teria se esforçado muito para que a violência do veneno não lhe deformasse a fisionomia. Sabia que eu era sensível e teria se empenhado em me oferecer ao menos uma imagem serena.

Luciano procurou alhear-me um pouco. Pegou-me pelo braço e me levou até um banco que havia na sala nua. Era 2 de julho e a noite fria enregelava minhas pernas. Só então percebi que havia mais um cadáver na sala, sem nenhum acompanhante.

Então era àquilo que podia ficar reduzida uma existência inteira? O único ser que eu tinha e representava tudo para mim podia desaparecer assim? Exposto sobre um mármore frio, junto ao cadáver de um indigente? Que importância tinha a identidade de um cadáver? Não tivera fim ainda pior, o pobre?

Procurava desesperadamente uma explicação para a morte. Voltava a soluçar, quando lembrava que ouvira dizer que o haviam carregado para ali num caixão de madeira crua.

Quando podia imaginar que meu pai pudesse ser relegado ao plano comum dos mortais e ter um fim tão indigno dele? Nem à mais simples cerimônia fúnebre tivera direito?

Compreendi que nossa vida tinha sido muito solitária. Só tínhamos um ao outro. Viera de um lugar tão distante, cheio de esperança, para descobrir, por fim, que não valia a pena existir.

O remorso começou a se infiltrar no meu pensamento e a contaminar minha alma. Seria eu a causadora daquilo? Minha mudança teria sido um abandono? Deveria ter ficado ao seu lado, mesmo descontente? Se não tivesse me mudado, teria evitado aquele fim? Estaria fingindo quando dizia aprovar minha mudança e se mostrar satisfeito quando ia me visitar? Ou teria sido alguma coisa relacionada à sua doença? Mas já não estava curado? Ou teria recaído sem me contar? Teria percebido que eu já tinha vida sexual? Teria se considerado inútil, porque, já independente, eu dispensava seus cuidados? Ou já alimentava a idéia do suicídio e só tivera coragem de executá-la agora, por achar que eu já podia prosseguir sozinha? Por que estava reduzido a nada? Encontraria um dia resposta para essas minhas indagações?

O som das palavras *autópsia* e *geladeira*, ditas por um servente, me afogou na náusea.

XX

Reapareci em Higienópolis dois dias depois.

Ao me ver novamente em meu quarto, tive a sensação de que estava despertando naquele momento e que tudo não tinha passado de um pesadelo. Mas ao dar com minha imagem no espelho, vestida de preto, tive a comprovação da realidade.

Deitei-me na cama e fiquei durante horas, com o corpo imóvel e a mente disparada, evocando todas as sensações, lembranças, emoções, rancores, dúvidas, remorsos, esperanças, num balanço de tudo que tinha vivido até aí, e o que tinha ainda a viver.

Uma questão sobrepujou a todas: como reparar o suicídio de meu pai? Não podia aceitá-lo e se o fizesse teria que ser com a condição de pagar por ele, vingar-me, mas jamais esquecer.

A indiferença do mundo pela sua morte e meu desamparo me davam a certeza de que eu não podia contar com ninguém. Era absolutamente só. E já que era assim, enterraria tudo e todos que tinham sido ligados a mim, junto com meu pai, passando a viver como se fosse uma nova pessoa.

Percebi então, horrorizada, que, junto à dor, a morte de meu pai trazia também um alívio, como se tivesse fechado a última porta que me ligava à pecha da qual sempre quis me livrar: o passado. A desconfiança de que ele teria pressentido isso, e por essa razão tivesse se suicidado, fez com que me sentisse abominável.

Já era noite quando Cinira chegou e se assustou quando ao acender a luz me viu imóvel na cama. Pela minha fisionomia, percebeu logo que alguma coisa grave tinha acontecido. Falei-lhe sobre a morte do meu pai mas ocultei o suicídio, Cinira reclamou:

— Há dias que estou desorientada com teu desaparecimento. Quis te procurar na casa de teu pai mas você nunca me deu o endereço (eu tivera o cuidado de jamais revelá-lo). Por que não me avisou?

— Achei melhor te poupar. Pra que não tivesse de faltar ao emprego — menti.

— Estranho você não ter me procurado numa hora dessas, para te ajudar. Você é uma pessoa muito esquisita mesmo.

Dias depois, quando tive que voltar à pensão para pôr certas coisas em ordem, encontrei um envelope da Itália remetido pela mulher e filho de meu pai. Seria resposta ao telegrama que lhes foi enviado comunicando o falecimento. Antes de abri-lo alimentei uma esperança: "Talvez estejam me chamando para ficar com eles, ou queiram vir ao meu encontro para permanecermos juntos na dor."

Ao ler a carta, porém, fiquei petrificada. Ela lamentava a morte por alto, em termos cerimoniosos. Mas se estendia em pedir explicações sobre os bens que meu pai havia deixado. Sabiam que ele possuía a pequena casa com terreno no subúrbio onde tínhamos vivido com minha mãe, e queriam saber da avaliação. Chocada nem sequer respondi.

Quanto a essa propriedade, meu tio me procurou mais tarde para me orientar de que modo requerê-la na Justiça, já que eu não a herdava naturalmente por não trazer o sobrenome do meu pai. Mas me recusei a tratar do assunto, relegando-o ao total abandono. Era um modo de provar a mim mesma e ao mundo que meu amor por ele era verdadeiro.

Não sei se o que me levava tantas vezes ao cemitério era a falta de meu pai ou também o sentimento de culpa. Nas visitas que fazia à sua sepultura, depois de colocar flores e acender velas, costumava sentar-me ali e ficar conversando mentalmente com ele. Uma tarde, jurei a mim mesma — e a ele — num pacto definitivo, que me tornaria *alguém*. Ao menos para fazer justiça à sua memória. Haveria de erigir um mausoléu à altura de seu merecimento, o mais suntuoso de quantos havia pelas alamedas ricas do cemitério. Aquela sepultura comum era um comprovante da nossa pobreza. E eu tinha vergonha de ser pobre.

Saí de lá imbuída de força e determinação. Tinha uma tarefa a cumprir: a de fazer-lhe justiça — e a mim — já que ninguém o fazia.

XXI

Estava com dezoito anos e inteiramente livre para seguir todo e qualquer caminho imaginável a fim de me tornar *alguém*. Mas não sabia ainda qual o rumo que me levaria a alcançar tal objetivo.

Apesar de dar valor ao meu trabalho e crer na minha capacidade, observei que não era através dele que as mulheres se realizavam. Qualquer moça, na mesma condição que a minha, só melhorava na vida entregando-se aos homens de dinheiro ou se casando por interesse.

Mesmo Cinira, a quem respeitava e que contava com um ótimo cargo público, tinha um padrão de vida melhor porque mantinha, há tempos, um caso com o Silva, um homem casado que a ajudava. Foi ele quem a tirou de onde vivíamos, em Higienópolis, e alugou-lhe um amplo apartamento na cidade, onde eu passei a ocupar um dos quartos, pagando um pequeno aluguel.

Quando eu saía com ela e o Silva para algum programa, notava a preocupação de todos em me pôr em contato com homens ricos, casados, à cata de aventuras. Pensavam estar me ajudando, facilitando minha vida dessa forma.

Apesar de recusar esse tipo de ajuda, via as moças ao meu redor aceitarem-no sem vacilar. Não entendia como podiam se submeter a essa condição com tanta facilidade quando para mim era tão difícil, impossível mesmo, pela revolta que me causava e pela repulsa insuperável que tinha por qualquer contato físico indesejado. Achava, às vezes, que essa dificuldade era uma falha em mim, já que eu ambicionava o mesmo que todas: vencer na vida.

Meu comportamento causava estranheza aos homens e às mulheres. Sempre que rechaçava uma "oportunidade" a reação de minhas colegas era a mesma. "Como você é idiota. Aproveite agora enquanto é jovem e bonita. Se você não conseguir o que quer agora, quando é que vai conseguir? Quando ficar velha? Pense no futuro."

Eu realmente pretendia muito da vida, estava disposta a conquistar o que queria a qualquer custo, menos o da submissão. Apesar dessa convicção, muitas vezes me exasperava com as dificuldades e ficava impaciente ao ver que outras menos capacitadas que eu solucionavam rapidamente seus problemas.

Quis, então, comprovar na prática se, seguindo a regra comum, encontraria também a forma de satisfazer as minhas aspirações. Resolvi aceitar a cantada de um dos inúmeros políticos que transitavam pelo novo escritório onde eu era secretária.

Apesar da minha resolução interior, foi difícil. Meu pudor me obrigava a disfarçar a experiência de seu real significado: prostituição. Assim era, já que nenhum tipo de afinidade me ligava àquele homem. Percebendo minha inexperiência e suscetibilidade, ele mesmo se adiantou em camuflar o verdadeiro sentido da ligação, mantendo pacientemente comigo uma espécie de romance platônico até que foi programado um fim de semana no Rio.

No momento em que me vi na intimidade com ele, dentro do quarto de um hotel luxuoso, e ele começou a se aproximar de mim semidespido e obeso, senti tamanha repulsa e ódio que compreendi não haver bem que compensasse aquilo. Mas me obriguei a levar a experiência até o fim para saber exatamente qual seria o resultado. Fechei os olhos e anestesiei meus sentidos.

O saldo concreto da minha experiência foi ter recebido de presente um vidro de perfume francês. E eu tivera a ingenuidade de supor que, uma vez submetida ao "sacrifício", seria automaticamente dotada de todos os bens que ambicionava.

"As outras mulheres tampouco devem sentir prazer em se entregar aos homens dessa forma, mas ao menos recebem em troca alguma vantagem compensadora" —, pensei. "Talvez que para isso seja necessário cobrar, pedir ou insinuar", o que para mim significa uma humilhação mortal.

Comprovei enfim na prática o que minha intuição estava cansada de demonstrar: aquele caminho, tido como o mais fácil, para mim era precisamente o mais difícil. Da mesma forma que abominava qualquer contato físico indesejado, tornava-me escrava do desejo nascido espontaneamente. Mas mesmo assim não conseguia me entregar normalmente, como minha natureza exigia, porque continuava presa aos conflitos que o ato sexual produzia em mim: medo de ser punida, como se estivesse cometendo um crime, medo de engravidar, medo de ser julgada uma vagabunda.

Por isso, quanto mais forte era meu desejo mais eu o reprimia, impondo-me um adiamento martirizante até a entrega, achando que, com esse sacrifício, estaria diminuindo minha culpa. Além disso, tinha que me conduzir de modo a parecer vítima e não cúmplice no ato sexual.

Só não foi necessário me impor essas condições quando reencontrei, casualmente, o rapaz que havia conhecido no baile do Municipal do Rio. A tortura da abstinência que me impus daquela vez na praia fora tão grande, que agora me sentia eximida de qualquer culpa.

Por isso extravasei com ele, numa só noite, todos os meus anseios eróticos. Separamo-nos apenas no dia seguinte, quando a exaustão física nos venceu. Despediu-se de mim sem nenhuma promessa de reencontro. Compreendi que tudo o que tinha para me oferecer já o fizera naquela noite.

Nas minhas outras experiências com homens livres e solteiros, comprovei que havia neles uma norma comum de comportamento em relação a mim. Embora me assediassem e me desejassem como fêmea, me ignoravam como pessoa. Viam-me apenas como objeto de prazer ou troféu para ser exibido aos amigos. Quanto mais poder e nome tivessem suas famílias, mais acentuada era essa constante. Percebi que me excluíam de sua escala social porque era só, sem nenhuma tradição de dinheiro ou família.

Essa constatação me tornou amarga e prevenida. Muitas vezes, mesmo desejando alguns deles, preferia ficar na solidão para não me submeter ao tipo de relação que me ofereciam. Num flerte mais demorado que mantive com um rapaz da alta sociedade, aconteceu um incidente que serviu para me tornar ainda mais precavida. Para vencer minha relutância, o rapaz convidou-me a ir até a casa de seus pais, que estavam viajando, e não à sua *garçonnière*. Fui. Era impossível conter meu desejo por mais tempo. Ao chegarmos na casa atracamo-nos logo na porta da entrada rolando pelo tapete como animais no cio. Porém, no momento exato em que seu sexo me penetrou, vi uma sombra movimentar-se rapidamente na parede à nossa frente.

Levantei-me num sobressalto e pedi-lhe que acendesse todas as luzes para ver se havia alguém escondido. Ele negou logo essa hipótese dizendo que eu só podia ter sido vítima de alguma alucinação.

Como prova atendeu ao meu pedido acendendo todas as luzes, examinando os compartimentos da casa. Mas nada serviu para afastar minha desconfiança de que ele próprio teria mandado alguém nos espionar.

Eu já sabia de vários casos de moças que tinham sido vítimas do deboche de *playboys* que faziam seus atos sexuais serem observados por orifícios ou espelhos de efeitos especiais colocados em pontos estratégicos nas *garçonnières.*

XXII

Após viver algum tempo no apartamento de Cinira, encontrei um conjugado cujo aluguel estava ao meu alcance. Conseguir finalmente um lugar só para mim representava uma grande conquista. Por ser pequeno e jeitoso, foi fácil decorá-lo de forma a criar um ambiente acolhedor. Para completar meu conforto, faltava apenas um telefone. Mas o tempo de espera para a instalação era de cinco a sete anos.

Sabendo que os políticos eram "donos" de todos os privilégios públicos, Cinira teve a idéia de me levar até o deputado Lourenço, que era ligado a um amigo seu, para ver se conseguia um telefone em prazo mais rápido.

Esse político era conhecido por sua generosidade: as portas de sua casa viviam abertas para qualquer pessoa que precisasse de algum favor seu, até mesmo de uma refeição. Era uma das formas que usava para manter sua grande popularidade, nas eleições.

Depois de passarmos por uma sala repleta de gente que esperava para ser atendida, Cinira me apresentou ao deputado no seu escritório. Admirando a facilidade com que ela inventava os motivos para justificar minha urgência do telefone, eu a apoiava calada, enquanto o observava. Não entendia sua fama de conquistador, sendo ele tão idoso. Seu rosto estampava uma bondade serena e, alguns momentos, uma certa ingenuidade.

Mediu-me com os olhos miúdos, através dos óculos, anotou o número do telefone do meu emprego, deixando transparecer, ao se despedir, uma expressão que não deixava dúvidas de que iria me procurar mais cedo que o necessário.

Algumas semanas depois, telefonou-me, convidando para jantar, dizendo que já tinha novidades a respeito do meu pedido.

No restaurante, me disse que o telefone seria instalado na semana seguinte. Fiquei admirada, pois conhecia gente que esperava há mais de cinco anos. Explicou que, para isso, tivera que comparecer pessoalmente à Companhia Telefônica, coisa que raramente fazia.

Durante o jantar, portou-se de maneira delicada e cautelosa. Não sei se por temperamento ou se pela distância que impunha com a minha severidade. Após o telefone ter sido instalado, novo jantar foi marcado para comemorar o acontecimento e, daí em diante, os jantares passaram a ter certa regularidade. Ele não escondia seu interesse por mim, mas também não tomava qualquer atitude que pudesse melindrar-me.

Disse que tinha uma admiração fora do comum pela minha personalidade, e que isso o fazia sentir-se intimidado diante de mim, impedindo-o de ser ousado, como costumava ser com as outras mulheres. Eu continuava a aceitar seus convites, para manter uma amizade de prestígio com que pudesse contar um dia, se precisasse de outro favor e, também, porque era fácil esquivar-me de suas investidas.

O que mais me preocupava era que, sendo vista em sua companhia, os outros pudessem me julgar sua amante. E o julgamento alheio era a coisa que eu mais temia. Por isso, me constrangia cada vez mais ao seu lado, até que resolvi deixar de atender aos seus convites. Mas o deputado continuou a manifestar-se me enviando vinhos estrangeiros, *marrons-glacés*, flores e outras pequenas lembranças.

Passado algum tempo, para reconquistar minha companhia, ele me surpreendeu com uma proposta: a de casar-se oficialmente comigo, já que era viúvo.

Embora soubesse que, pelo senso comum, aquela era uma proposta a ser pelo menos considerada, só consegui encará-la pelo lado grotesco. Seria ridículo e antiestético eu formar casal com um ancião, tão ridículo quanto nas vezes em que fui forçada a dançar com ele em público. Dançava de maneira desarticulada e pretensiosa, mas com uma alegria tão ingênua que teria sido crueldade privá-lo daquela ilusão, negando-me a acompanhá-lo. Ao ver que sua proposta não causara o efeito esperado, pediu que eu refletisse mais tempo.

Quando tornei a encontrá-lo, e ele me perguntou a respeito de sua proposta, não vacilei em dizer que não chegara sequer a considerá-la, porque casar era coisa que estava fora de minhas cogitações. Na volta, no carro dirigido por um motorista, quando percebi que minha indiferença o magoara a ponto de emudecê-lo, tentei atenuar a situação. Disse-lhe que procedia assim não por se tratar dele, mas porque era egoísta e reagiria da mesma forma com qualquer outra pessoa. Mas, quando vi lágrimas umedeceram seu rosto cansado e envelhecido, senti remorsos por não ter tido o cuidado de ser menos rude com ele. Quando me despedi, disse-lhe que podia continuar contando com minha amizade.

Cinira, como boa amiga, procurava me proteger de todas as formas possíveis, alertando-me também para as vantagens de um emprego público. Achava injusto eu sair para o trabalho às sete da manhã, quando ela começava o seu ao meio-dia. Convenceu-me a disputar uma colocação na mesma repartição em que trabalhava. Difícil, no entanto, era obter uma vaga. Os empregos públicos eram os mais disputados, então, por oferecerem regalias que os outros não ofereciam.

Assim que surgiu a possibilidade de uma vaga, Cinira me levou até a repartição, para me apresentar ao chefe-de-gabinete da Secretaria de Estado, a fim de cavar o lugar para mim.

Enquanto esperávamos para ser atendidas, Cinira me informou que o lugar mais disputado era justamente o gabinete, em cuja ante-sala nos encontrávamos, por ser um departamento diretamente ligado ao secretário, oferecendo privilégios que outras seções não tinham, como elasticidade de horário, facilidade de condução em carro oficial, além de uma verba adicional ao ordenado. Mas era impossível ser conseguido sem a intervenção do próprio Secretário ou de algum político de grande influência.

Um jovem com aspecto de intelectual, elegante, sofisticado e gentil veio nos atender. Era Mário, chefe-de-gabinete e amigo pessoal do secretário. Sentou-se numa poltrona ao nosso lado e ofereceu-nos um cigarro de marca estrangeira antes de acender o seu. Conversou conosco de maneira informal. Seu senso de humor me encorajou a dizer que além da vaga, gostaria também de ser designada para o gabinete, porque o ambiente tinha me agradado. Por certo interesse que notei ter despertado nele, senti que minha sugestão talvez "colasse".

Algumas semanas depois, Cinira chegou eufórica, mostrando no *Diário Oficial* minha nomeação justamente para o gabinete do secretário.

Meu relacionamento nesse novo trabalho foi bem mais fácil do que nos anteriores. O nível intelectual das pessoas era bastante mais elevado ali do que nos escritórios comerciais. Mário não era bonito, mas seu todo me agradava. Sua tranqüilidade ao agir diante de qualquer problema me dava a sensação de que seu lugar no mundo estava reservado e garantido, independentemente de ele ter que se preocupar ou lutar por ele. Ao contrário de mim, que vivia aflita e tensa à procura de um espaço próprio. Era desquitado e pertencia a uma daquelas poderosas famílias que possuíam mansões na Avenida Paulista. Talvez isso ajudasse a torná-lo mais interessante aos meus olhos. Admirava sua aristocracia, visível nos menores gestos e hábitos, e que se tornou mais evidente a partir do momento em que começamos a sair juntos.

Sentia-me bem ao seu lado. Gostava da sua maneira tranqüila e segura e, como era culto e viajado, tinha a sensação de que perto dele estava sempre aprendendo alguma coisa. Eu tinha fascínio por pessoas cultas. Achava que através delas poderia colher todos os conhecimentos que gostaria de possuir.

Eu não era ainda capaz de perceber a diferença entre cultura e inteligência. Só descobri quando uma colega de repartição, que descendia de uma família aristocrática, passou a me fazer confidências: seu pai, zeloso de seu nome, decidiu ignorá-la a partir do dia em que resolveu viver em companhia de um homem desquitado. Depois que se separou dele, ficou desesperada, pois não sabia trabalhar, uma vez que tinha sido preparada apenas para ser esposa, e seu pai continuou a lhe negar qualquer ajuda, moral ou financeira. Com muita dificuldade, conseguiu uma vaga nessa repartição pública, para um cargo que não exigia nenhum conhecimento especial. Seus irmãos, nomes constantes nas colunas sociais, também a evitavam. Mesmo assim, vangloriava-se do nome que tinha e se referia constantemente aos colégios *bem* que havia freqüentado, para atestar a qualidade da sua origem, enquanto eu evitava citar os meus para não revelar a minha. Fazia citações importantes que eu desconhecia e, no entanto, na prática, eu vivia explicando-lhe o óbvio. Só então compreendi que tudo quanto ela sabia era decorado do que lhe haviam ensinado nos colégios. Nada era resultado de sua própria observação e critério.

Assim me dei conta de que, com a inteligência, talvez pudesse suprir a cultura que me faltava. Eu sempre me sentia inferiorizada diante de alguém que possuísse diploma de curso superior. Pensava que a sabedoria era privilégio daqueles que possuíam títulos.

Quando Mário deixou a Secretaria, me convidou para viver com ele em seu apartamento, no Jardim América. Aceitei sem vacilar, pois além de gostar dele ia ter um tipo de vida que sempre ambicionara. Orientada por Cinira, apresentei um pedido de licença em lugar de demissão, podendo assim retornar ao cargo, caso resolvesse mais tarde.

O início da convivência com Mário foi uma sucessão de deslumbramentos.

Vesti-me de gala pela primeira vez, para um *réveillon* privado, onde os homens trajavam *smokings* impecáveis e as mulheres competiam na exibição de jóias e modelos originais. No *buffet* havia abundância de iguarias e bebidas de todas as marcas estrangeiras.

Na noite da abertura da temporada lírica, quando me vi abrigada com um casaco de pele legítima, sentada num camarote do Teatro Municipal forrado de veludo escarlate com frisos dourados, senti-me como uma daquelas heroínas vitoriosas que tanto admirava no cinema. E, além disso, a emoção de estar assistindo ao vivo os cantores mais célebres da Itália, interpretando trechos de músicas que eu já conhecia e me encantavam: *A Traviata*, *Aída*, *Madame Butterfly*.

Quando estava sozinha em casa, chegava a sentir prazer físico quando envolvia meu corpo nas toalhas macias e felpudas com as iniciais de Mário gravadas nelas. Ou, na cama, quando mergulhava nos finos lençóis de linho ou cambraia.

Na hora das refeições com Mário, sentia-me como num banquete privado: as toalhas de mesa eram de rendas finíssimas, as louças de porcelana da Tchecoslováquia, copos de cristal, talheres de prata e garrafas de vinho com rótulos estrangeiros.

Viver no luxo e na riqueza era sem dúvida uma delícia!

Mário me introduziu, aos poucos, no círculo de seus amigos, a maioria italianos ou descendentes de italianos, como ele, todos de seu nível: gente graduada, viajada, com guarda-roupa importado, casas ricamente decoradas, freqüentadores dos melhores restaurantes e clubes noturnos.

Era uma novidade para mim conviver com esse tipo de gente. A princípio ficava impressionada com a importância que pareciam ter. Muitas vezes me sentia inferiorizada naquele meio. Eles próprios contribuíam para que eu me sentisse assim, deixando transparecer, ainda que de forma sutil, que me julgavam socialmente indigna de um homem como Mário.

Mas, passado o período da novidade e do deslumbramento, pude ver que eram apenas pessoas frívolas e superficiais. A vida deles era uma sucessão de futilidades sociais. O máximo que acontecia dentro dessa rotina era a descoberta de algum adultério entre casais do próprio grupo. Foi decepcionante para mim descobrir que um tipo de vida que eu invejava tanto, quando estava do lado de fora, por dentro não me acrescentava nada.

Concluí que o jeito de obter aí algo aproveitável era preencher meu tempo aprendendo coisas que antes fora impossível por estar sempre trabalhando. Aprendi a dirigir carro, a nadar, aprimorei meu inglês e comecei a freqüentar um curso de balé espanhol, para dar um pouco de vazão à paixão que tinha pela dança e música flamengas.

Quando engravidei, Mário me disse que, se eu quisesse ter o filho, estaria de acordo. Mas, para isso, teríamos que ficar juntos "pra valer". Fiquei confusa, porque não sabia ao certo o que queria. Se de um lado tinha todo conforto e comodidade, por outro, se assumisse esse compromisso com Mário, perderia toda a minha liberdade, que em parte já estava sendo sacrificada.

Abortei sem a menor dúvida, por várias razões: criança me dava aflição e achava que, se um dia tivesse uma, nasceria deformada. Não sabia por quê, mas tinha essa convicção. Além disso era egoísta, narcisista, e temia estragar meu corpo. Tinha também um grande senso de responsabilidade e me achava incapaz de cuidar de uma criança, quando eu mesma ainda estava procurando me entender e me situar no mundo. Além de tudo, não sabia se amava Mário de verdade, pois meus sentidos já estavam como que adormecidos e ansiavam por novas sensações.

Todos os meus sentidos voltaram a despertar na noite em que vi Anders, encostado numa lareira em sua mansão, no Jardim Europa, conversando distraído com Maria Luiza e Zé Ronaldo.

Eu já havia estado com Anders outras vezes. Mas só nesse dia o notei e ele também a mim. Porque, num momento em que nossos olhos se cruzaram, ficamos espantados com a inesperada revelação.

A partir de então, sempre que podia, provocava um encontro com Maria Luiza e Zé Ronaldo, seus amigos íntimos, na esperança de revê-lo.

Maria Luiza e Zé Ronaldo eram um casal amigo de Mário que fugia à regra comum de suas amizades. Ela era desquitada e vivia com Zé Ronaldo num pequeno apartamento na cidade. Os dois trabalhavam e pareciam formar um casal equilibrado. Belos e elegantes, eram sempre convidados para festas e drinques nos bares da moda.

No dia do aniversário de Mário, fiquei ansiosa até a hora da recepção. Meu único desejo era ver Anders. Quando vi que quase todos os convidados já tinham chegado e ele não, tudo deixou de existir à minha volta, e me abstraí num único pensamento: "Devo estar enganada. Talvez tudo o que venho alimentando com relação a ele seja fruto só da minha imaginação e ele nem sequer se lembra que existo."

A festa se inundou de vida e luz, no momento em que o vi chegando com Maria Luiza e Zé Ronaldo. Depois de nos contemplarmos a distância, por muito tempo, Anders veio até mim, puxando-me pela mão para dançar. Quando seu braço me envolveu, senti como se tivesse encontrado meu homem total e definitivo, destinado a mim pela natureza. Seu corpo se encaixou no meu como se juntos formássemos uma só coisa.

Anders dançava com absoluta segurança e sensibilidade. Integrava nossos movimentos à música como se fôssemos sua própria harmonia. Fluíamos. Sem palavras, estávamos nos conhecendo intimamente através de tato, calor, olfato, formas e movimentos. Anders era de origem nórdica. Louro de olhos azuis, pele macia e boca provocante.

Depois de alguns encontros ocasionais, em que senti que Anders me queria tanto quanto eu a ele, participei a Mário minha decisão de voltar a ser livre, sem nenhum problema de consciência. Estava certa de que ele também aguardava um momento oportuno para me propor o mesmo.

XXIII

Fui morar provisoriamente num hotel da cidade e retomei meu trabalho na repartição pública.

Designada desta vez para um departamento comum, pude sentir o que era realmente o serviço público: uma atividade parasitária, e não entendia como alguém pudesse ambicionar aquilo.

Cinira, com quem, desde que tinha ido viver com Mário, conversava apenas por telefone, continuava a amiga de sempre. Sabendo que eu estava à procura de um apartamento, subiu até meu andar com Paula, que mantinha pela manhã um escritório imobiliário. Propuseram-me a compra de um apartamento de sala e dois quartos, dizendo que as condições eram tão especiais que eu poderia comprá-lo, se conseguisse um empréstimo para a entrada, pois as mensalidades cabiam dentro do meu ordenado. Nunca havia pensado em comprar um apartamento, mas Cinira, preocupada com o meu futuro, me convenceu em poucos dias de que essa compra era fundamental para o meu bem-estar. Lembrei do deputado Lourenço. Talvez ele pudesse emprestar-me a quantia para a entrada e eu lhe pagaria na medida do possível.

Mas, desta vez, ele não foi tão solícito como das outras. Disse que precisava pensar. Percebi que seu adiamento era para que eu avaliasse a importância de seu favor e entendesse que, dessa vez, não estava disposto a me servir sem nenhuma recompensa.

Eu sabia que, se quisesse, poderia obter o empréstimo mesmo sem lhe dar nada em troca. Bastava para isso me dispor a uma nova série de encontros e neles usar de astúcia. Mas eu não estava disposta a isso, e também tinha medo que Anders nos visse e desse margem a um mal-entendido.

Compreendi então que não era à toa que as mulheres preferiam o caminho mais prático. Além de rápido, era garantido e menos trabalhoso.

Eu não queria me submeter como elas mas, em compensação, para obter um favor, tinha que me equilibrar como uma malabarista, a fim de encontrar uma fórmula que justificasse diante de mim mesma qualquer concessão. A fórmula que encontrei, no caso, foi considerar que a concessão seria apenas material e não moral, já que o deputado tinha me dado suficientes provas de afeto. Resolvi a questão satisfazendo seu antigo desejo, que era o de me possuir.

Mesmo ocupada com a arrumação do meu novo apartamento, eu só conseguia pensar em Anders. Desde que tinha me separado de Mário, nunca mais o tinha visto. Esperava, para que nosso encontro se desse casualmente. Não queria ferir Mário exibindo-me logo com ele.

O acaso ocorreu numa tarde em que, ao voltar do trabalho, andando pela cidade, vi Anders tomando cafezinho num bar de esquina. Estremeci da cabeça aos pés. Estava de perfil e não me viu. Fiquei sem saber que atitude tomar. Não tinha coragem de ir até ele, porque não saberia me portar com naturalidade. Tinha medo de deixar transparecer minha emoção e também que atribuísse minha separação unicamente a ele e me julgasse uma tola.

Segui hesitante, retardando os passos enquanto lutava comigo mesma: "Absurdo ter esperado tanto tempo por essa oportunidade e ficar insegura a ponto de perdê-la." Fui salva por sua voz me chamando. Virei fingindo tê-lo visto só então.

Anders veio ao meu encontro tão espontâneo que readquiri minha antiga naturalidade.

— Para onde você está indo?

Sua pergunta me deixou novamente insegura: "Se eu disser a verdade, que estou indo para casa e não tenho nada para fazer, talvez ele me convide para um drinque, já que é seu hábito fazê-lo a esta hora. Mas pode ser também que a minha disponibilidade me desvalorize aos seus olhos e faça diminuir seu interesse por mim."

Joguei a única cartada que tive coragem de arriscar:

— Estou indo para a casa de Maria Luiza.

— Então daqui a pouco apareço lá, me espere.

Fiquei tranqüila. Estava formada a ponte para o nosso reatamento. Justamente para facilitá-lo é que escolhia sempre aquele caminho próximo à casa de Maria Luiza.

Passei a encontrar Anders quase que todos os dias, nos bares da moda freqüentados por homens de negócios que costumavam tomar um drinque depois do trabalho, antes de voltar para casa. Anders bebia bem. Começava nos bares a essa hora e só parava quando ia dormir. Depois do drinque, jantávamos nos melhores restaurantes de cozinha francesa, e íamos às boates para dançar. Dançar também era seu hábito constante.

Continuávamos a nos encontrar sem que ainda tivéssemos dormido juntos. Praticávamos todo tipo de carícias, mas, seguindo minha norma habitual, tinha que adiar ao máximo o momento da entrega total. Isso só aconteceu quando Anders me levou à sua casa num fim de semana em que seus pais viajaram.

Lá, tudo ocorreu como minha fantasia romântica esperava. Fui carregada em seus braços pela escadaria imensa que levava até seu quarto no andar de cima. Não sei por quanto tempo nos amamos; só lembro que me senti como se estivesse desabrochando como mulher até a última possibilidade. Minha paixão por ele aumentou ainda mais depois que nos tornamos amantes.

Só com o tempo é que comecei a notar seu caráter. Era extremamente egoísta. Me amava mas ao mesmo tempo se resguardava. Encontrava-se comigo todos os dias mas nunca estabelecia a hora do encontro para o dia seguinte, ficando sempre de telefonar antes, me mantendo assim em casa, ansiosa e presa à espera de seu chamado.

Continuava tão ardoroso como na primeira noite, mas era raro dormir em meu apartamento, preferindo acordar no seu, da Rua São Luís, para onde tinha se mudado. Raramente se interessava pela minha vida a não ser no que se referisse a ele próprio.

Embora sua situação financeira fosse invejável, notava sua preocupação em se ligar sempre às pessoas de condição social e econômica superior à sua. Isso ficou mais evidente quando, num bar sofisticado, me apresentou a Bernardo, um quatrocentão paulista, multimilionário, de família supertradicional, casado com uma mulher tão milionária e nobre quanto ele.

Percebi logo que Anders o tratava com uma atenção fora do comum porque era fascinado por sua posição. Bernardo representava, social e economicamente, o que havia de mais poderoso em São Paulo. Seu círculo era dos mais fechados e inacessíveis. Penetrar nele seria uma conquista para Anders.

Entendi então por que, quando Bernardo começou a me cortejar na sua frente, em vez de ficar contrariado como em outras ocasiões, ele se mostrava até envaidecido.

Acabou instalando-se um jogo entre nós três. Bernardo me cortejava abertamente porque tinha consciência do seu poder. Eu lhe correspondia para que Anders me valorizasse e Anders consentia porque achava lisonjeiro um homem do gabarito de Bernardo desejar sua mulher.

Compreendi também que Anders se resguardava de mim, não só por temperamento, como julgara a princípio, mas para poder ligar-se oficialmente a alguma mulher que lhe acrescentasse valor social ou econômico além do que já possuía. Foi tão decepcionante observar esse aspecto de seu caráter que preferi ignorar, para não ter que me privar da parte amorosa que me dava.

Depois de um tempo Anders mudou. Do mesmo jeito que desaparecia por tempo indeterminado, reaparecia, se desmanchava em paixão e tornava a desaparecer. Foi quando resolvi aceitar o convite de Bernardo para encontrá-lo a sós. Tornei-me sua amante.

Bernardo era tão jovem quanto Anders. Tinha uma certa impostação artificial, mas era uma pessoa delicada e gentil. Ao contrário de Anders, tinha curiosidade por tudo que eu pensava e fazia. Tomava minha reserva como mistério e decifrar-me era um desafio para ele.

Meu relacionamento com Bernardo criou uma série de confusões dentro de mim. Não sabia ao certo por que o encontrava. Gostava dele, mas não o amava. "Seria por solidão? Ou para me sentir ligada a Anders, ainda que indiretamente, ao mesmo tempo que me vingava, por ser Bernardo objeto de seu fascínio? Ou seria pelo mesmo motivo que censurava em Anders: fascínio pelo seu poder?"

Tinha que reconhecer que, embora não lhe pedisse nada, no fundo gostaria de ser contemplada com uma fração de sua fortuna que, por ínfima que fosse, daria para satisfazer inúmeras das minhas vontades. Perguntava-me então: "Mas se é esse o motivo, por que não tiro vantagem da situação? Por burrice, como dizem minhas colegas? Por pureza? Por pudor? Por orgulho? Para provar que sou melhor do que as outras? Ou por simples falta de jeito?"

Do meu relacionamento com ele, transcrevo um texto que escrevi para mim mesma na ocasião:

> "Hoje acordei no vácuo. Com vontade de não existir. Há dias que acordo odiando a existência; nem isto nem aquilo, mas simplesmente a intolerável existência. Hoje tive prova patente de que jamais poderei ser paga pelo amor que dou a um homem. Apesar de minhas amigas me julgarem otária por isso. Depois de ter estado com Bernardo, a quem venho querendo ultimamente, ele me deixou um *presentinho*. Estava num dia de grande depressão e o que desejaria mesmo era ouvir palavras suas, que me consolassem. Senti uma vergonha enorme e me irritei. Pedi que retirasse seu gesto. Ele se desculpou dizendo que não tinha tido tempo de me trazer uma lembrança como pretendia, e que deixara o dinheiro ali para que comprasse uma caixa de uísque estrangeiro, para o dia em que voltasse a

me ver. Senti-me muito diminuída. A verdade é que, embora necessitando, jamais tive coragem de pedir, e quando a pessoa me dá de sua própria vontade, me sinto humilhada do mesmo jeito. Sinto-me zero à esquerda. Fiquei ruminando que daqui ele ia se encontrar com alguém que respeitava e considerava mais do que eu: a esposa. Mas sei também que, talvez, não a respeitasse tanto por amor e sim pelo que significava a posição dela, que é tão poderosa quanto a sua. Fico cismando. Será que ele me encara como matéria usável só nos seus momentos de erotismo? Talvez não. Afinal ele é jovem, bonito, rico, poderia escolher muitas outras em vez de mim. Mas a verdade é que teria de escolher uma, e calhou de ser eu. Quando ele saiu, chorei muito. Não sei se de ódio, por não ter posição tão privilegiada quanto a dele, tendo que encontrá-lo somente às escondidas e a horas determinadas, ou se pelo nervosismo que tenho sofrido estes dias. Chorei bastante e cheguei a uma conclusão. Conclusão essa a que cheguei mais de uma vez, mas cuja prática sempre adio: não esperar nada de ninguém. Não conseguirei nada pelas mãos dos outros, tudo o que eu quiser terá de partir de mim, só de mim. Não tenho ninguém que me dê as coisas que desejo. Estou confusa. A vida que levo agora é excitante, sem dúvida, pois tenho ido a vários lugares e conhecido muita gente. Vivo muito, em pouco tempo, mas, quando me vejo só, existe apenas minha sombra comigo. Fico com vontade de voltar correndo para a antiga comodidade que tinha com Mário. Não continuei com ele para não perder os momentos que a vida poderia me proporcionar e, agora, que estou livre, fico achando que a situação anterior talvez fosse melhor. Não me entendo. Quero ser tudo e todos ao mesmo tempo. Não posso mais nem sequer ler jornais. Leio um jornal do Rio, fico com vontade de ir para lá, supondo que lá é que está a vida. Leio

uma revista da Itália, acho que é para lá que devo viajar, pois o que há de bom na vida está lá. E assim por diante. Na verdade eu queria ser Deus.
P.S.: Estou comprovando também na prática uma coisa que já havia intuído: os que têm poder jamais são generosos. Quando dão alguma coisa é porque têm a certeza de a estarem revertendo em seu próprio benefício."

XXIV

Jamais poderia imaginar que minha vida fosse mudar inteiramente de rumo com um acontecimento tão banal como o de acompanhar Cinira até o Museu de Arte, aonde ela ia buscar a sobrinha que estava fazendo um curso de manequim.

Ao chegarmos no último andar do edifício do museu, de onde se avistava toda a cidade de São Paulo, deparamos com uma turma de moças, vestidas de *short* branco, fazendo ginástica rítmica, sob o comando de uma jovem e bela professora francesa.

Enquanto esperávamos pela sua sobrinha, assistindo aos exercícios, Cinira sugeriu que eu me inscrevesse no curso, que era em horário após o trabalho.

O ambiente me estimulou bastante, mas minha timidez e preguiça me impediam de tomar qualquer medida prática. Cinira, porém, com sua habitual desenvoltura, já tinha tomado a iniciativa, informando-se de tudo e me apresentando à organizadora. A jovem senhora me observou, tirou minhas medidas e me considerou inscrita. Poderia começar a freqüentar as aulas a partir do dia seguinte. Na saída, Cinira confessou que tinha me levado até lá premeditadamente, porque sabia que eu iria gostar.

Freqüentar aquelas aulas era como um alegre recreio para mim. Era agradável fazer aqueles exercícios junto a tantas moças interessantes. As que não eram belas, cultivavam algum tipo de sofisticação para suplantar a falta de beleza natural.

Parte delas pertencia a famílias *bem*. Outras trabalhavam, como eu, e procuravam se aprimorar como mulher ou arranjar outro meio de sobrevivência. O curso era promovido pelo professor Pietro Bardi, diretor do Museu de Arte, e tinha por finalidade formar um corpo de manequins para lançar o primeiro desfile de modas brasileiro.

O ambiente, o clima entre as pessoas, tudo me dava a sensação de estar finalmente pisando num lugar que tinha alguma relação natural comigo. Depois da ginástica a professora fazia cada moça desfilar só, numa passarela, enquanto a instruía diante das outras.

A primeira vez que fui chamada e me vi observada por tanta gente, senti toda a minha timidez e inibição virem à tona. Mas raciocinei: "Se eu não superar a timidez agora, vai ser muito mais difícil depois de já tê-la demonstrado."

Encontrei uma forma instintiva de disfarçá-la. Assumi uma altivez quase agressiva, tanto na postura quanto na expressão, conseguindo assim pisar com firmeza na passarela. As pessoas acreditaram na minha suposta segurança; amparada nesse recurso e com os exercícios diários, acabei adquirindo-a de fato.

As outras moças, com exceção de duas, eram todas mais altas que eu. Minha estatura, 1,62m, não era ideal para manequim. Mesmo assim, em pouco tempo eu era tida como uma das mais perfeitas, pela desenvoltura com que dominava a passarela e a variação que dava ao que cada modelo sugeria.

Essa nova ocupação me agradava bastante e tomava meu tempo de forma a não ter que ficar mais em casa inquieta à espera de um telefonema de Anders, ou tentando suplantar sua falta com Bernardo. Anders soube da minha nova atividade quando minhas fotos começaram a ser publicadas em jornais e revistas, anunciando o lançamento do desfile. Mas mal se manifestou a respeito. Bernardo, ao contrário, telefonou entusiasmado, me incentivando a continuar.

Numa tarde em que saía do curso, Helga, a jovem alemã responsável pelos conselhos de maquilagem, me convidou para jantar em sua casa. Eu a admirava e entre as moças do curso ela tinha visível preferência por mim. Helga era a meus olhos o símbolo da mulher triunfante: bela, elegante, sofisticada e ao mesmo tempo carinhosa. Era amante de Ed, um quatrocentão paulista, casado, famoso por sua tradição, fortuna e aventuras amorosas.

O apartamento de Helga, no Jardim Paulista, tinha sido decorado por ela mesma e possuía um ar pessoal e acolhedor. Sua maneira de ser, diferente das mulheres que conhecia, me parecia produto de uma outra civilização.

Cinira e Maria Luiza também eram admiráveis, mas viviam unicamente em função de seus homens. Se eles estivessem ausentes, eram incapazes de existir sozinhas. Helga, não. Amava Ed mas, sem ele, também existia. Tanto que, embora estivéssemos a sós, preparou a mesa com todo requinte, servindo iguarias e champanhe francês.

No dia do desfile fiquei apavorada quando espiei pela cortina e vi o imenso salão apinhado de pessoas, algumas discutindo entre si pela disputa de um lugar suplementar. Entrei nervosa, mas logo readquiri a segurança dos ensaios. Fui escolhida para fechar o desfile com a roupa mais exótica com a qual apareci em quase todas as primeiras páginas de jornais do dia seguinte.

Duas semanas depois viajamos até o Rio para fazer a mesma apresentação no Copacabana Palace. Alguns manequins deixaram de viajar por impedimento de suas famílias ou de seus empregos. Entre as que viajaram comigo estava Luciana, cujo corpo escultural me causava inveja. Às vezes eu era tomada pela idéia de que se tivesse seu corpo seria feliz, embora o meu também não deixasse de ser constantemente elogiado.

Já de volta a São Paulo, ao passar por uma banca de jornais, vi na capa da *Manchete* um vestido parecido com o que eu tinha desfilado no Rio. Parei para observar melhor e, ao chegar perto, vi que era eu mesma que estava na foto. Fiquei espantada, porque nunca supus que pudesse sair numa capa de revista e muito menos que tivesse aquela aparência imponente.

Comprei a revista com pudor de que o jornaleiro me reconhecesse e percebesse minha emoção. Em casa, saboreei lentamente a sensação de me ver na capa e nas páginas de dentro em outras fotos coloridas com roupas e poses extravagantes.

Quando acabamos o ciclo de apresentações, comparecemos ao Museu de Arte para as despedidas. Ao me ver, o professor Bardi me levou até sua sala para dizer que eu não devia parar naquela experiência, pois achava que eu tinha outras possibilidades.

— Que possibilidades?

— Não sei exatamente quais, mas você demonstrou ter talento para fazer outras coisas também. Vou te levar agora mesmo ao andar de cima e te apresentar ao diretor dos Diários Associados. Vou sugerir que te coloquem na televisão.

O professor me levou até ao Sr. Edmundo Monteiro e, depois de tê-lo convencido dos dons de que me imaginava possuidora, o contrato foi providenciado. Saí de lá perplexa. De repente, quando menos esperava, surgia a oportunidade de deixar o trabalho de escritório.

O ordenado estabelecido no contrato era mínimo, por isso foi providenciado tão rapidamente. Mas isso não impediu que eu me aventurasse com toda a vontade e otimismo nesse mundo novo. Mal sabia o que era televisão, mas qualquer coisa era preferível ao trabalho que fazia. Quando disse a Cinira que ia deixar a repartição, ela não se conteve:

— Você está louca. Não devia nunca abandonar um emprego seguro como esse. Ninguém deixaria. Só mesmo você, que é uma inconsciente.

— Ora, eu pretendia largar esse trabalho de qualquer jeito. Acho absurdo ficar mofando aqui: ganhar bem para ficar conferindo fichas. Prefiro o imprevisível a esse tipo de segurança.

XXV

Cassiano Gabus Mendes, diretor artístico da TV Tupi, me colocou num programa feminino diário, apresentado à hora do almoço por uma jornalista. Eu desfilava roupas enquanto ela as comentava.

Comecei assim a percorrer os intermináveis corredores da televisão com inúmeras portas que davam para salas, saletas, salões e salinhas de estúdios, auditórios, sonoplastia, departamentos técnicos, escritórios, banheiros, camarinos, maquilagem, etc. Além dos estúdios de televisão, os de rádio também funcionavam lá.

O exército de pessoas que se locomoviam de um lado para o outro era incessante e variado. Havia desde o mais sensível até o mais grosseiro, do mais discreto ao mais espalhafatoso.

Nesse tempo não havia *tape* e tudo era feito ao vivo.

A mutação constante de situações e pessoas, o movimento e agitação eram tais, que eu tinha a sensação de estar metida no centro da fervura do caldeirão da vida.

Via-se o mais humilde servidor, junto às mais altas patentes políticas; desconhecidos e celebridades, não só da cidade como também do estrangeiro, todos misturados a um só tempo no mesmo espaço.

As ligações amorosas também eram agitadas e tumultuosas. Havia no ar um clima exaltante que incitava à sexualidade. Diretores e técnicos, mesmo casados, mantinham namoro com atrizes, cantoras, radialistas. Era comum surpreender-se um casal aos beijos atrás de um cenário ou pelos labirintos que formavam os pequenos corredores que levavam até aos estúdios.

Eu vivia tentada a aderir aos apelos epidérmicos que o ambiente suscitava, mas continha-me. Não queria me envolver em qualquer ligação que pudesse interferir ou me desviar da meta que tinha me proposto: construir uma carreira artística.

Os comentários gerais sobre minhas primeiras aparições no vídeo eram de que eu era especialmente fotogênica, original, possuía classe e personalidade marcante. O porta-voz dos mexericos, o maquilador, que torcia por mim, soprou que logo iriam me aproveitar como garota-propaganda.

E assim foi. Quando me encarregaram de fazer minha primeira apresentação como garota-propaganda, tremi na base, pois me achava incapaz de falar diante de uma câmera. Além do medo e da timidez, havia o fato de falar baixo e para dentro, me tornando quase que inaudível quando estava diante de qualquer estranho. Como fazê-lo então diante do público?

Recorri à diretora do programa feminino, pedindo que me orientasse no modo de adquirir volume e clareza na voz. Ela mesma se prontificou a me dar aulas de dicção, me fazendo falar com uma azeitona entre os dentes. Após alguns exercícios percebi que ela estava se esforçando para me ajudar, mas que não entendia nada do assunto. Não via nenhum resultado positivo.

Concluí que a solução do problema dependia unicamente de mim, de ter ou não suficiente força de vontade para superá-lo. Na verdade eu sempre preferia ficar calada, não só por timidez mas também porque imaginava que, para me fazer entender, não era necessário usar a palavra.

Decidi então fazer testes comigo mesma. Como num laboratório teatral, me obrigava a falar, firme e claramente, quando estivesse diante de um ou de mais estranhos. O resultado foi surpreendente: não só me ouviam, como também prestavam atenção e acatavam o que dizia.

Marcada a data da apresentação, apanhei o texto e, fechada em meu quarto, repetia-o em voz alta, inúmeras vezes, procurando obter a maior firmeza e clareza possíveis. O medo me roía. Parecia impossível dizer diante das câmeras aquele texto de cor até ao fim, sem tropeçar.

Uma hora antes de me apresentar, enquanto me maquilavam, meu nervosismo era tamanho que sofri um desarranjo intestinal. Olhei à minha volta, para ver se alguém mais se enervava tanto, mas via todos à vontade, o que aumentava meu nervosismo.

Chegada a hora fui até o estúdio me preparar. Os câmeras ainda brincavam entre si. Isolei-me num canto, repetindo o texto mentalmente, impedindo que qualquer movimento exterior dispersasse minha concentração.

O segundo toque da campainha no estúdio indicando que o programa estava prestes a entrar no ar soou ao meu ouvido como um alarme fatal. Os câmeras começaram a se preparar, colocando os fones nos ouvidos e as lentes em posição. Quando o terceiro e último sinal tocou e o silêncio se fez total, me senti como se tivesse sido arremessada no espaço e, perdida no vácuo, vislumbrei apenas a pequena luz vermelha da câmera à minha frente.

Numa fração de segundos, como aconteceu quando tive que pisar a primeira vez na passarela, senti que se não ousasse emitir o som firmemente, a partir da primeira palavra, seria muito mais difícil conseguir depois. Apelando para o mesmo recurso, encobri o medo assumindo uma atitude de altivez e, como que num milagre, ouvi minha voz emitindo nítida e firmemente a primeira frase, a segunda, a terceira, até o final. Quando a luzinha vermelha se apagou, me senti como se tivesse escapado viva de um duelo contra a morte.

Pela expressão dos câmeras, vi que tinha me saído bem. Ao passar pelo corredor, pessoas que antes me olhavam apenas com curiosidade, passaram a me olhar com ar de aprovação e respeito. Algumas vieram me cumprimentar. Voltei para casa satisfeita comigo mesma. Tinha conseguido vencer uma batalha contando apenas com a minha força de vontade.

Mas no dia seguinte a luta continuou. As cólicas intestinais reapareceram ao se aproximar a hora do programa e duraram até o dia em que comecei a rir de mim mesma. Aos poucos adquiri segurança e inteiro domínio do que fazia.

No início fui chamada pela direção, que reconhecia minha eficiência mas reclamava por eu não sorrir ao fim de cada anúncio como faziam todas as outras garotas-propaganda. Expliquei-me:

— Não sorrio porque não sinto vontade. Não vejo por que sorrir, depois de dizer um texto comercial.

— Mas é praxe, o espectador já está habituado, não custa nada dar um sorriso. Você é séria demais.

— Eu estou fazendo do jeito que sinto. Se eu sorrir vai parecer que é forçado. Não posso lutar contra minha natureza. É meu jeito de ser.

— Nós achamos que isso pode fazer você cair no desagrado do público.

Mas logo depois passaram a me aprovar. Chovia correspondência e telefonemas de espectadores que elogiavam minha atuação se referindo justamente ao aspecto incomum da minha personalidade.

Quando consegui penetrar no Mappin Movietone, o programa de maior audiência da estação, me tornei a garota-propaganda de maior prestígio, ganhando um pequeno extra do patrocinador para melhorar meu salário irrisório. Estava contente. Tinha encontrado finalmente o caminho certo: o de tornar-me alguém através do meu próprio trabalho, numa profissão que me agradava. Embora estivesse apenas no início, sentia que já começava a ser considerada por algumas pessoas, pela qualidade do que produzia, e não pela importância do homem que me acompanhava.

Obter bom resultado nessa nova profissão não era fácil como parecia. Tinha que me dedicar a ela com disciplina e seriedade.

Eu achava que valia a pena, mas quando considerava que, apesar de ser competente e de me entregar inteiramente ao trabalho, minha situação econômica continuava precária, diante de outras, que nem sequer trabalhavam, entrava outra vez em conflito com as minhas convicções. Não tendo com quem discutir minhas dúvidas, escrevia para mim mesma na ocasião:

"Tenho verdadeira admiração pelas vigaristas. Vejo, estupefata, a desenvoltura dessas moças agindo de forma adequada para atingirem seu escopo. Intriga-me esse comportamento. Não sei se elas superaram o amor-próprio ou se não o têm mesmo. Minha admiração vai a tal ponto que, às vezes, diante da impossibilidade de obter certas coisas que gostaria de ter, sinto vontade de imitá-las. Mas na prática não consigo. Acho a suprema humilhação uma pessoa ter que violentar seus verdadeiros sentimentos para conseguir alguma coisa. Causa-me indignação ver o homem, comodamente instalado em suas prerrogativas, não se preocupando em disfarçar nenhuma intenção sua, por mais torpe que seja, e a mulher, como títere, atendendo às suas vontades, atenta para que suas palavras e gestos não a façam cair em desagrado. É preciso reconhecer a inesgotável paciência que elas devem ter. Não sei se a melhor situada é a esposa ou a concubina. A esposa tem a tranqüilidade de não correr o risco de perder o marido a qualquer momento e, se perdê-lo, ficar com o prêmio de consolação: o sustento garantido. A vigarista tem que ser mais astuta para não ser preterida por outra, e alcançar o máximo dentro do menor tempo.

Em compensação, pode aproveitar mais a vida, gozando de liberdade na ausência do seu mantenedor. Portanto, ser esposa é mais cômodo mas menos pitoresco. Ambas as situações oferecem suas vantagens, é uma questão de escolha. A única que leva a todas as desvantagens é a minha: a da mulher que pretende ser livre, dependendo apenas de seu próprio trabalho e prestígio para existir. Como sair dessa? O pior é que uma mulher sozinha, em meu país, é considerada uma prostituta. Está sujeita a propostas como se estivesse à venda no mercado sexual. Só sei que, com todo o meu esforço, tenho que me privar de muitas outras coisas, mesmo pequenas, que me dariam prazer. Não quero ser esposa nem concubina, mas eu própria perante a sociedade. Será que esta não admite que assim seja? É difícil, pois todos preferem se acomodar ao estabelecido. A única coisa de que verdadeiramente gosto de compartilhar com alguém é o amor e, assim mesmo, sou exigente na escolha. Eis-me, portanto, podendo seguir mil caminhos, e indecisa por qual optar, pois sei que tudo é possível. Pensar que se pode conseguir com o corpo, em alguns momentos, o que de outra forma leva um tempo imprevisível, é coisa que desnorteia qualquer um. Para alcançar o que quero, dentro do rigor a que me proponho, terei de fazer sacrifícios sobre-humanos, que talvez nem compensem mais quando tiver atingido meu objetivo. Mas, com toda essa força aparente dentro de mim, na verdade, muitas vezes me sinto como uma criança indefesa e amedrontada. Pelos exemplos que vejo ao meu redor, creio que nada mais conseguirei além de continuar olhando para o teto, refletindo, arquitetando, sonhando, e perdendo para as que vivem na realidade."

XXVI

O acaso me fez reencontrar Helga na televisão. Contente por me ver com sucesso na nova carreira, me convidou para tomar um drinque no bar Comodoro, onde ia se encontrar com Ed. Um motivo me fez aceitar seu convite sem pestanejar: Anders. Aquele era um dos bares que ele costumava freqüentar.

Anders ainda me procurava de vez em quando mas, desde que comecei a trabalhar na televisão, não estava mais disponível à hora que bem entendesse. Era preciso combinar com antecedência para que pudéssemos nos encontrar. No último encontro que tivemos ele disse que lhe desagradava eu estar trabalhando em televisão. Embora pretendesse me dar a entender que era por não aprovar o ambiente, eu sabia perfeitamente que não era com meu destino que estava preocupado, mas com a alteração de sua comodidade. Chegou mesmo a dizer que se quisesse continuar a vê-lo teria que escolher entre ele e a televisão. Apesar de ainda amá-lo, não tive um minuto de indecisão: mergulhei no trabalho; tinha certeza de que só através dele me faria valer, inclusive perante ele próprio. Fazia tempo que não o via. Quem sabe o encontraria essa noite no Comodoro?

A mesa de Ed era a de maior evidência no bar. Havia um movimento constante de pessoas que se revesavam e ficavam à sua volta paparicando-o. Fiquei desanimada quando percebi que pelo adiantado da hora era mais do que provável que Anders não aparecesse mais.

Helga preocupou-se comigo:

— Está chateada?

— Não, por quê?

— Você não está bebendo nada. Beba alguma coisa para ficar mais animada.

— Estou me sentindo bem assim.

Na verdade eu não estava bebendo um gole sequer, porque estava de prevenção: a personalidade de Ed não me deixava à vontade. Sua arrogância e prepotência feriam minha sensibilidade e o tom de deboche com que tratava os garçons e porteiros me revoltava.

No entanto, considerando seu físico à parte, achava-o um homem belo e sensual. Apesar de maduro tinha formas perfeitas. Era claro, de porte esguio; os traços do rosto e das mãos, finos. Dava a impressão de um cavalo de raça.

Quando eles deixaram o bar para ir à boate Oásis, achei que era hora de me despedir. Ambos porém insistiram para que eu fosse junto e a minha esperança de ainda ver Anders me fez acompanhá-los.

A boate estava repleta.

Era época das "cigarras", o período de férias em que os homens de negócio aproveitavam a ausência das esposas para sair à cata de aventuras. Esses homens pululavam pelas boates, secos por uma nova caça. O critério de escolha baseava-se apenas na aparência física. Outros necessitados de se afirmarem no mundo nos negócios preferiam disputar a presa de algum outro homem com quem estivessem em competição de prestígio.

Se gostava de ir a boates para dançar com Anders, odiava freqüentá-las sem ele, para não ter que me expor a esse tipo de homens.

Quando depois de algum tempo disse a Helga que estava querendo ir embora, ela pediu-me que esperasse mais uns minutos, pois também já estava de saída.

Ed estava ainda no auge da excitação quando saímos da boate.

Assim que entramos no táxi — Ed, como alguns outros, usava táxi nas suas saídas noturnas para não deixar pista de onde andava — adiantei meu endereço ao motorista.

Quando o carro parou diante do meu edifício, Ed me segurou pelo pulso dizendo que ainda era cedo e que fosse com eles até o apartamento de Helga para um último drinque.

— Eu gostaria, mas tenho que acordar muito cedo amanhã — me desculpei.

Ao me movimentar para saltar, ele me puxou pelo braço com firmeza, fechou a porta do táxi e ordenou ao motorista que seguisse em direção à casa de Helga.

Pela brutalidade de seu gesto percebi que estava fora do normal. Sua atitude não era apenas a de um bêbado. Só então acreditei que os comentários que tinha ouvido, de que ele era viciado em cocaína, eram verdadeiros. Essa deveria ser a causa de sua permanente exaltação.

Segui no carro com uma decisão tomada: sair do apartamento sem que percebessem, enquanto estivessem distraídos, bebendo. Restava apenas saber se a porta do edifício tinha porteiro, ou se a fechadura era sem tranca pelo lado de dentro.

Ao chegarmos, enquanto Ed despachava o táxi, Helga puxou a chave para abrir a porta e, assim que entramos, tornou a fechá-la por dentro; a porta era trancada a chave, pelos dois lados. Teria, portanto, que ficar à mercê deles para sair. Eram duas da manhã. Temia que, insistindo outra vez em ir embora, Ed me insultasse e fizesse um escândalo.

Subi receosa, mas levando também em conta que talvez estivesse estranhando as atitudes de Ed apenas porque seus hábitos eram diferentes dos meus.

Assim que chegamos, Helga pôs um disco na vitrola, abriu um champanhe e se retirou da sala. Ed me ofereceu uma taça. Com medo de contrariá-lo, tomei alguns goles. Observei-o bem enquanto ele procurava uma posição mais cômoda no tapete felpudo entre as almofadas.

Era estranho o que sua presença me provocava naquela situação: medo e ódio por sua prepotência, e sedução pelo seu físico e pelo mito que envolvia sua personalidade.

Depois de acomodar-se Ed voltou o rosto em minha direção. Seu olhar intoxicado e carregado de sexo me incomodou. Achei conveniente procurar uma posição que me distanciasse mais dele. Quando fui me levantar, ele me puxou, e me agarrando com força me beijou na boca. Perguntei se estava louco, arriscando-se a ser surpreendido assim por Helga. Mas ele não estava interessado no que eu dizia. Conseguiu me deitar contra o chão, me beijando ferozmente. Preocupada em não fazer qualquer ruído que pudesse atrair a atenção de Helga, procurava me desvencilhar com cuidado. Quando senti sua mão se infiltrar sob minha blusa para apalpar meus seios, afastei seu braço com um repelão, mas ele abriu-a num movimento brusco, arrebentando-lhe os botões.

Naquele momento, mais importante do que escapar de lá, era escapar dele, antes que Helga chegasse e pensasse que eu tinha participação ativa naquilo. Mas ela demorava...

Surgiu de repente na porta, vestindo um robe de seda branca que fazia ressaltar o bronzeado de sua pele. Fiquei atônita, esperando o desfecho. Ela no entanto não parecia estar surpreendida. Olhou-me e sentou-se calmamente no tapete perto de nós.

Ed voltou-se então para ela, beijando-a enquanto acariciava seu corpo sob o robe. Helga estava completamente nua sob o roupão. Só então percebi que Ed me havia atacado porque contava com sua conivência — enquanto eu, idiota, me agoniava por respeitá-la.

Helga entregou-se docilmente ao jogo de Ed que, enquanto ainda a beijava, começou a passear a mão pelo meu corpo. Sua carne estava quente como a de um animal após uma corrida. Tentou tirar meu *soutien* com delicadeza mas, quando fiz menção de impedi-lo, ele arrancou-o de uma só vez. Admirando-me os seios enquanto os acariciava com as mãos, descrevia para Helga todas as sensações que estava sentindo fazendo-a repetir as mesmas carícias.

O medo e a lucidez me impediram de soltar meus instintos e mergulhar também naquela luxúria excitante, bela e animal. Se tivesse tomado álcool, talvez minha censura tivesse se desfeito e me permitisse participar daquilo sem ter que permanecer passiva, já que estava livre de culpa por ser uma situação criada alheia à minha responsabilidade, e não ter como escapar de lá.

Mas fiquei estática mesmo quando começaram a me desnudar por completo e me carregaram para o quarto onde me puseram sobre uma imensa cama.

Ed veio por cima de mim e me penetrou. Quando ele chegou ao orgasmo e caiu ofegante sobre mim, Helga se levantou num repente. Discutindo com ele em inglês, para tentar esconder de mim o teor da discussão, apanhou um casaco de *vison*, vestiu-o sobre a pele e saiu do apartamento furiosa. Ed foi atrás dela ainda vestindo-se.

Levantei-me. Olhei pela janela do sétimo andar e os vi, lá embaixo, discutindo enquanto andavam, provavelmente à procura de um táxi, até que os perdi de vista, ao dobrarem uma esquina.

Olhei o ambiente em torno de mim. O quarto de Helga era luxuoso, todo atapetado, com cortinas de veludo sobre o *voile* transparente. Um espelho ocupava parte da parede de alto a baixo. Sobre a ampla penteadeira havia uma infinidade de produtos raros de beleza e os mais caros perfumes franceses. No meio deles vi um pequeno vidro com pó branco. Peguei-o curiosa de saber se era cocaína que, segundo ouvia dizer, era consumida por muitos homens da sociedade paulista. Não havia dúvida que era. Sua consistência não se parecia a nenhum outro pó branco que eu conhecia. Com medo de seu efeito, recoloquei o vidro no lugar sem ousar provar-lhe o gosto.

Comecei a perambular pelo apartamento. Fui até à porta de entrada. Estava trancada. A porta de serviço também. Só me restava esperar. Agora já me sentia tranqüila e fora de perigo. Estirei-me na cama, gozando uma sensação agradável de langor, enquanto rememorizava as emoções que acabara de experimentar. Achava bom ter tido aquela experiência. Ela me fazia sentir mais adiantada e madura.

Depois de um tempo, Helga chegou com os olhos avermelhados. Tinha chorado. Desculpou-se, dizendo que Ed era assim mesmo, fazia-lhe as vontades porque gostava dele e não podia passar sem ele.

Quando fiz menção de ir embora ela me aconselhou a dormir lá mesmo, pois não tinha telefone para chamar um táxi e seria imprudência eu andar sozinha àquela hora da madrugada pelas ruas.

Concordei logo que era mais conveniente ficar mesmo, porque estava me sentindo deliciosamente acolhida sob a suavidade dos lençóis. Helga deitou-se nua. Achei estranha a sensação de estar deitada nua, ao lado de outra mulher, também nua, que há pouco me havia acariciado. Fiquei imobilizada, sob a ação desse raciocínio. Logo depois seu corpo se aconchegou ao meu.

Achei que manifestar estranheza diante da sua naturalidade seria demonstração de suburbanismo. Eu sabia que poderia detê-la a qualquer momento, mas Helga não me causava o mesmo medo que Ed, e minha ânsia de conhecimento me fez consentir.

O pai, Giuseppe Bertoluzzi.

A mãe, Virgínia Righi.

Na primeira comunhão.

Dos 5 aos 17 anos.

Como modelo fotográfico.

No "Primeiro Desfile de Moda Brasileira".

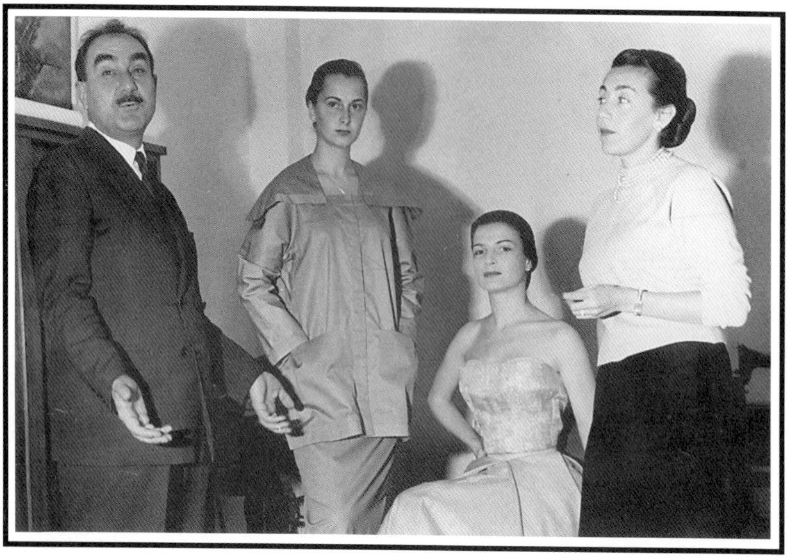

Com o professor Pietro Maria Bardi, em prova para o "Primeiro Desfile de Moda Brasileira", realizado no Museu de Arte Moderna de São Paulo.

Em seu primeiro trabalho como atriz, interpretando a Rainha Má na peça *Branca de Neve e os sete anões* para a TV Tupi de São Paulo.

Com Mazzaropi em seu primeiro filme: *O gato da Madame*, 1956.

Com Paulo Autran na peça *D. Juan*, transmitida pela TV Tupi de São Paulo.

Em *A casa de Bernarda Alba*, de Federico García Lorca. Da esquerda para a direita: Rachel Forner, Odete Lara, Zaida Hassel, Jurema Magalhães, Beyla Genauer, Maria Della Costa e Valery Martuns.

Na mesma peça, da esquerda para a direita: Beyla Genauer, Odete Lara, Maria Della Costa e Rachel Forner.

Na peça *Moral em concordata*, com Maria Della Costa e Jardel Filho, 1959.

Na mesma peça, com Maria Della Costa.

Com Anselmo Duarte em *Arara vermelha*, 1957.

Posando para fotos de publicidade.

Na peça *Casal vinte*, 1959.

No filme *Dona Violante Miranda*, 1960.

Na *villa* Santa Marinella, com Roberto Rossellini e Sergio Amidei.

Em cerimônia de assinatura de uma lei cinematográfica, durante o governo de Jânio Quadros.

Em foto de divulgação do show *Skindô*, 1961.

XXVII

Dedicava-me ao meu trabalho, não só por profissionalismo, como também para preencher o vazio que existia dentro de mim. Era insuportável chegar em casa, à noite, e enfrentar a solidão. Por isso tratava de ocupar o máximo de meu tempo dentro da minha nova profissão.

Ser apresentadora já era uma etapa ganha. Pretendia ser atriz do *TV de Vanguarda*, o programa de teatro mais bem-feito da estação e portanto o de maior importância. Mas era difícil para uma novata penetrar no círculo já constituído de atores, formados dentro da própria televisão.

Minha primeira chance de aparecer como atriz se deu de forma diferente da que eu idealizava. Júlio Gouveia, diretor do teatro infantil, me parou um dia no corredor e me convidou para fazer a Rainha Má, da história de *Branca de Neve e os sete anões*. A princípio achei que seria menosprezante atuar num teatro infantil. Mas ao considerar que, por pior que fosse, com os ensaios eu estaria ganhando alguma experiência como atriz, aceitei.

Foi surpreendente o resultado desse acontecimento, ao qual não tinha dado nenhuma importância. O teatro infantil, ao contrário do que eu supunha, tinha bastante qualidade e prestígio, e meu trabalho foi elogiado por todas as pessoas da própria televisão e críticos especializados dos jornais. O espetáculo fez tanto sucesso que teve de ser repetido.

A partir disso, deram-me uma ponta no *TV de Vanguarda*. Embora meu papel fosse mínimo, nem fala tinha, dediquei-me com o mesmo empenho que daria a um de protagonista. Minha aparição foi muito comentada e elogiada mas, mesmo assim, não me davam mais do que pequenas pontas.

As peças, que em teatro levavam três meses para ser ensaiadas, eram preparadas para esse programa em apenas uma semana. Como tudo era feito ao vivo, os atores tinham que realmente ter capacidade para decorar os enormes textos, fixar marcações e atender às orientações do diretor em tão curto tempo.

Era necessário ter uma destreza especial para me locomover entre as estreitezas sinuosas que separavam os cenários armados num espaço mínimo; trocar de roupa em segundos, nos cantos improvisados da própria cena, sem se confundir e não ser captado por alguma câmara fora de hora. Era preciso também muita presença de espírito para se safar diante dos mais variados imprevistos. Esse tipo de treino constituiu a base sobre a qual pude construir outras etapas da minha carreira com relativa facilidade.

Eu aceitava todo e qualquer papel que me davam e me entregava a eles com igual tenacidade. O que geralmente me destinavam eram personagens de mulher fatal ou de mulher má. Jamais me deram um papel de boazinha ou ingênua.

Num seriado de menor importância, levado em horário de pouca audiência e que exigia uma certa dose de improvisação dos atores devido à falta de tempo para a preparação diária do programa, aproveitei para extravasar minhas antigas fantasias infantis.

Numa história de tema oriental em que eu vivia uma espiã, dançarina de cabaré, me vesti de gazes transparentes e com o abdômen à mostra dancei a dança do ventre. Em outra, dancei um mambo desenfreado com uma roupa igualmente ousada, de duas peças. Num programa de *sketches* variados cantei um *blue* acompanhada por um pianista.

As roupas que mandei fazer por minha própria conta para as duas danças foram logo censuradas pela direção, que me proibiu de usar outras no gênero.

Não sei até hoje como tive coragem de aceitar a proposta para me apresentar no palco de um clube sério com a dança do ventre que fora vista pela televisão. Só quando me vi sozinha num palco imenso, com apenas um tocador de alaúde de fundo, é que tomei consciência da minha audácia. Mas, felizmente, o pavor não durou mais do que alguns minutos. A música tinha tal poder de me transportar que, entregando-me a ela, consegui me alhear de onde estava e da minha responsabilidade.

Na verdade, eu tinha gana de me expandir, de extravasar todos os meus impulsos. Queria ampliar meus horizontes e encontrar a forma ideal para me realizar. Empenhada nessa procura, aceitei o convite que me fizeram para ser cantora de uma boate recém-inaugurada. Eu mesma tinha provocado esse convite, porque achava que trabalhar num local noturno seria a melhor maneira de solucionar várias questões: primeiro, realizar meu desejo de cantar, que era anterior ao de representar; achava também que me tornando cantora melhoraria minha condição econômica, pois poderia trabalhar em qualquer lugar ou cidade sem depender de grupos ou empresas, bastando apenas alguém que me acompanhasse ao violão ou de qualquer conjunto local; segundo, venceria as horas difíceis da minha insônia obtendo proveito prático sem ter que recorrer aos já habituais soníferos.

Mas, com o decorrer dos dias, vi que meu principal objetivo, que era o de me exercitar cantando, não estava sendo conseguido de maneira satisfatória. O maestro do conjunto, um pianista frustrado, valendo-se da minha insegurança nesse novo terreno, dificultava meu desenvolvimento negando-se a ensaiar e demonstrando hostilidade ao me acompanhar.

Desgostei-me também quando vários colunistas de jornais referiram-se à minha nova atividade de maneira depreciativa. Constatei em pouco tempo que cantora de boate era tida mais ou menos como uma prostituta. Não só pelo tom das notas dos jornais como também pelos freqüentadores da casa que não me viam como profissional e sim como objeto exposto no mercado sexual.

De qualquer forma, achava que valia a pena enfrentar todos os contras, pois apesar deles começava a adquirir uma certa experiência, tendo já conseguido definir o tipo de música que se adaptava melhor à minha voz.

Mas um acontecimento me fez desistir de continuar a me debater contra os obstáculos. Foi numa noite em que, esperando minha hora de voltar a cantar, o *maître* me procurou para dizer que alguém lá fora, num carro, queria me falar. Era um rapaz da mais alta sociedade paulista a quem fora apresentada, algumas semanas antes, numa festa. Já o conhecia de fotos e fama. Além do nome tradicional, era conhecido também por suas vitórias esportivas. Tinha-o visto, também, uma vez em que ele atravessava uma rua, na cidade. Achei-o tão bonito que fiquei olhando-o, disfarçadamente, até perder-se no meio dos transeuntes.

Por isso, me senti privilegiada quando, nessa festa, ele me tirou várias vezes para dançar e, ao fim dela, se ofereceu para me deixar em casa. No caminho, convidou-me para conhecer o estúdio onde guardava seus troféus.

Lá dentro, enquanto distraído procurava fotos e recortes de revistas estrangeiras, pude observá-lo detalhadamente. Seu porte, sua pele, seus olhos, sua boca, sua cor, tudo nele me erotizava. Depois de ter me falado sobre suas conquistas esportivas, tentei puxar conversa sobre ele próprio. Queria saber se aquele corpo magnífico era dotado também de sentimento.

Mas de si não quis falar passando logo a me beijar. Eu estava ardendo de desejo, mas quando senti, pelo seu jeito, que ele pertencia ao tipo dos homens que me queriam só para "aquilo", resolvi tirar o corpo fora. Estranhando meu súbito esfriamento, perguntou o que havia.

— Nada, lembrei que preciso ir já para casa porque tenho ensaio muito cedo amanhã.

Ele tentou me convencer a ficar mas, quando percebeu pela minha firmeza que eu não mudaria de decisão, seu amor-próprio prevaleceu e simulando cavalheirismo me levou. Não sabia que tinha guardado suas garras para mostrá-las essa noite na boate.

A princípio julguei que ele teria vindo me procurar porque, tendo compreendido a razão da minha atitude, resolvera me conhecer melhor. Respondi então ao *maître* que, se ele quisesse me falar, que entrasse ou mandasse o recado.

O *maître* saiu e depois de alguns momentos voltou, dizendo que ele queria saber qual era o preço do meu *miché* para ir atendê-lo. Chocada e envergonhada diante da expressão cínica do *maître*, nem sequer respondi. Peguei meus pertences e saí pela porta dos fundos.

Fiz força para conter o choro enquanto andava pela rua a caminho de casa, mas ele explodiu antes que eu lá chegasse. Sozinha em meu quarto, banhada em lágrimas, uivei de ódio por ser só e impotente para combater a injustiça que me faziam por querer ser livre para escolher o caminho que bem entendesse.

Deixei de ir à boate, cujo dono também jamais me pagou pelo meu trabalho. Coloquei minha aspiração de lado e continuei apenas na televisão onde, embora fosse vista por milhares de pessoas, elas não tinham acesso a mim para me ofender.

XXVIII

A solidão a que minha inadaptação me relegava, paralela à minha vontade de viver, me levava a conhecer as experiências mais diversas.

Tentei manter uma relação, dentro dos padrões normais, com Sérgio, um rapaz da televisão. Escolhi-o porque era livre. Havia outros que me interessavam mais do que ele, lá dentro, mas eram todos casados e eu os evitava para não prejudicar minha carreira. Num escândalo que havia tido lá, quando uma esposa resolveu averiguar *in loco* a bigamia do marido, quem foi posta para fora da estação foi a apresentadora com quem ele mantinha caso e não ele.

Mas, depois de ter saído várias vezes com Sérgio, cheguei à conclusão de que ele não significava para mim mais do que um anteparo de calças para eu poder entrar em lugares públicos sem ser olhada com estranheza ou sem ser importunada. Embora fosse lindíssimo, não me dizia nada nem física nem intelectualmente.

A sorte me fez conhecer Lúcio, um jovem estudante, sensível e inteligente. Acabava de se formar em economia mas só se interessava por filosofia e por voar. Não trabalhava ainda. Ocupava seu tempo lendo ou escrevendo um livro que pretendia fazer sobre o comportamento humano. Pilotava aviões de amigos seus, ensaiando um vôo mais alto que queria realizar um dia: embrenhar-se nas matas para conhecer de perto a vida dos índios.

Era um companheiro ideal. Foi o primeiro homem desapegado dos valores comuns que encontrei. Com ele aprendi muita coisa teórica, assim como ele aprendeu muita coisa prática comigo. Vivemos um período maravilhoso de benefício recíproco até o dia em que o fantasma de Anders voltou a rondar.

Embora tivesse prometido a mim mesma nunca mais tornar a vê-lo, depois de tão longa ausência, no telefone ele conseguiu me convencer facilmente do contrário.

Encontrei-o no jardim da praça em frente ao meu edifício. Anders estava triste. Fixou-me por muito tempo com os olhos ligeiramente umedecidos, como se quisesse dizer muita coisa. Mas não disse nada. Nem seu egoísmo nem minha descrença e amor-próprio permitiram uma palavra ou um gesto que impedisse que a omissão se encarregasse de secar a raiz já quase morta, mas ainda recuperável do nosso amor.

Quanto ao plano físico, Anders sabia que minha resistência ia até o momento em que sua pele tocasse a minha. O simples contato de sua mão fez derreter a capa de gelo com que eu tinha me revestido para encontrá-lo e, mais uma vez, subimos para nos amar como se fosse a despedida. No dia seguinte fiquei com ódio de mim mesma por não ter resistido ao seu chamado. Odiei-me ainda mais quando vi os estragos que a minha falta de resistência havia causado.

O sumiço de Lúcio por três dias consecutivos chegou a me preocupar, mas nem de longe desconfiei da razão. Só fiquei sabendo na noite em que ele reapareceu de porre — para conseguir, segundo ele próprio, vencer seu orgulho e falar comigo, porque na verdade pretendia ter sumido para sempre sem que eu jamais ficasse sabendo por quê — para dizer que tinha me visto com Anders na praça e que dava por finda nossa relação.

Tentei convencê-lo de que o encontro com Anders tinha sido mera casualidade mas foi inútil:

— Não é só por tê-la visto com ele. É que isso confirmou a minha desconfiança de que você ainda não se tinha desligado inteiramente desse cara. E por mais que eu ame a música, como segundo-violino não toco em orquestra alguma.

Lúcio foi irredutível. Jamais voltou a me aceitar. Tempos mais tarde tornamo-nos amigos.

Houve depois a breve experiência com Nina. Desde que ela entrou para a televisão, criava um clima de erotismo sempre que estava comigo. Eu não entendia como, se ela já estava em namoro desenfreado com o irresistível João Carlos, homem que a mim também atraía, mas que jamais deixava aproximar-se pelo capricho de não lhe dar o prazer de contar com meu nome na lista interminável de mulheres que passavam por ele na televisão.

Eu invejava a liberdade sexual de Nina.

Queria descobrir qual o mecanismo que lhe permitia usar o sexo sem nenhuma culpa, quando eu ainda me debatia com ele toda vez que enfrentava uma nova aventura. E no entanto o medo da gravidez não existia mais. Já tinha feito mais de quatro abortos sem o menor problema, nem de minha parte nem da parte de quem os realizava.

Eu não conseguia me entender. Na verdade talvez fosse tão ou mais ninfomaníaca que Nina, pois não conseguia ver um homem sem considerar antes de tudo se ele tinha ou não algum apelo sexual para mim.

Desde os meus devaneios da adolescência, sonhava em ser uma cortesã, como as grandes da história, sobre as quais tinha lido um livro, para poder ter aos meus pés todos os homens que desejasse. E, no entanto, exteriormente agia como uma puritana.

Resolvi concretizar as insinuações de Nina, por um certo interesse que ela me despertava e por curiosidade (já que com Helga tinha ficado inerte). Mas, sobretudo, queria descobrir a chave que a fazia sentir-se liberta diante do sexo.

Logo ao primeiro contato físico senti que não haveria combinação possível com ela. Mas persistimos ambas na farsa, eu para saber "como era" e ela talvez para corresponder à fama de devassa que possuía. Nossa primeira e única experiência foi frustrada em todos os sentidos.

Depois apareceu Raul, homem de grande prestígio a quem eu tinha sido apresentada um dia num bar. Raul me procurou dizendo que queria obter de mim informações a respeito de manobras internas da televisão, porque pretendia lançar uma grande campanha publicitária para promover sua agência. Nos dois ou três encontros que tivemos, fiquei respeitando-o pelo fato de jamais ter se insinuado com qualquer cantada, e, pelo contrário, me falar de sua mulher, evidenciando seu amor por ela.

Eu tinha verdadeira admiração por homens fiéis. Talvez por serem muito raros. Fora Raul só tinha conhecido um outro, um ator da televisão que, embora fosse assediado pelas mulheres, não tomava conhecimento de nenhuma, permanecendo fiel à sua. Admirava-o a ponto de ter me apaixonado por ele, sem que ele jamais desconfiasse.

Quanto a Raul, ao nos despedirmos uma vez, me disse:

— Qualquer dia destes eu te apresento a Helena. Não é por ser minha esposa, mas é uma das mulheres mais lindas que há. Aliás, ela gosta muito de você, te conhece de desfiles e de televisão.

Quando voltamos a nos encontrar no mesmo bar, o garçom interrompeu nossa conversa para avisar que o chamavam ao telefone.

Ao voltar à mesa Raul comentou:

— Era Helena. Eu disse a ela que ia estar com você aqui falando sobre o negócio da televisão. Ela vem nos encontrar.

Meia hora depois chegou Helena, mulher deslumbrante não só pela beleza natural como também pela classe e refinamento. Era tratada da cabeça aos pés, o que fazia com que cada detalhe nela aparecesse como um relevo de beleza à parte. Eu sempre sonhava poder um dia tratar-me e vestir-me daquela forma. Mas o que eu ganhava não dava para ter uma *écharpe* da qualidade da que ela usava.

Helena me fez ficar logo à vontade, como se nos conhecêssemos de longa data. Animada com a perspectiva de ganhar um extra considerável como corretora de uma publicidade na televisão e por estar sendo prestigiada pela companhia de um casal tão respeitável dentro da sociedade, acompanhei-os sem freios na bebida.

Antes de deixarmos o bar me convidaram para jantar no melhor restaurante da cidade e depois para uma boate exótica, distante do centro. Na boate estávamos bastante eufóricos não só pelo álcool como também pela excitação do ambiente e do *show* picante a que tínhamos acabado de assistir.

Num momento em que a mão de Helena pousou sobre minha coxa e permaneceu por muito mais tempo do que seria necessário para atrair minha atenção a uma determinada coisa que ela queria me mostrar, comprovei o que já tinha começado a sentir. Estava havendo no ar mais do que simples euforia. Estava havendo um erotismo disfarçado que a penumbra da boate ajudava a revelar aos poucos. E se revelou abertamente quando eu e Helena, não podendo nos ouvir, tivemos que nos debruçar frente ao rosto de Raul, sentado entre nós, e ele, juntando mais nossos perfis, disse:

— Vocês duas são lindas. Beijem-se.

Não obedecemos à sugestão de seu marido, mas Helena continuou a me encarar com firmeza e despudor enquanto com as costas da mão acariciou de leve os traços do meu rosto.

Quando Raul sentiu que o clima estava formado, pediu a conta ao garçom e, dirigindo seu carro na volta, parou automaticamente em frente à sua casa.

— Vamos tomar um champanhe.

Era incrível, mas eu estava aderindo àquela aventura conscientemente, sem nenhum sentimento de culpa ou censura. Talvez por julgar que, sendo eles um casal oficialmente constituído e respeitado, caberia a eles toda a responsabilidade.

Lá dentro, com luz e música adequadas, percebi pelo comportamento de ambos que os encontros que Raul tivera comigo não tinham nada a ver com negócio algum. Tinha sido apenas uma preocupação para satisfazer a vontade de sua mulher. Era ela quem liderava com habilidade as manobras libidinosas tendo a mim como alvo, para no final de tudo entregar-se ao marido.

Tive vários encontros com o casal. Até que minha curiosidade pelo proibido ficou inteiramente satisfeita, e pude tirar a limpo que embora uma mulher pudesse, eventualmente, "despertar" minha libido, por alguma forma estética, não poderia jamais me satisfazer plenamente. Era só no homem que eu me completava. E Raul não me atraía sob aspecto nenhum.

Voltei à solidão.

XXIX

Quando andava na rua, percebia que era olhada com inveja por muitas mulheres, que me reconheciam da televisão. Elas, porém, estavam longe de imaginar que eu vivia só e insatisfeita.

Saía da televisão às dez da noite e não tinha nada que fazer. Voltava diretamente para casa e ficava catatônica na cama, olhando para o branco do teto. Minha insônia aumentava a cada dia.

Imaginava nessas horas que ser homem era vantajoso porque permitia a uma pessoa, insone e solitária como eu, sair à rua para distrair-se ou ir a um bar ou restaurante onde pudesse encontrar alguém com quem se comunicar. Mas se me arriscasse a andar pela rua, ou a entrar num lugar público sozinha, seria alvo de achincalhe e maledicência.

Revoltava-me contra minha condição de mulher. Trabalhava e era responsável por todos os meus atos, como qualquer homem, e no entanto não tinha os mesmos direitos que eles. Para sair à noite — e ser respeitada como gente — tinha que estar acompanhada por um homem, mesmo que fosse um da pior espécie. A indignidade de um homem valia mais do que a dignidade de uma mulher. Revoltava-me ainda mais quando lembrava que não podia sequer preencher essas horas vazias, de maneira útil, procurando uma forma de me expressar ou de melhorar minha condição econômica, como tentara na boate. Tinha que sufocar toda a minha vitalidade e energia entre as paredes do meu quarto, transformando-as em torpor físico e delírio mental.

Ficava imaginando se alguma outra pessoa no mundo sofreria aquela mesma sensação de "exclusão" que eu. Pensava se a família, ao contrário do que supunha, representava alguma coisa. Nunca pude comprovar isso na prática, porque jamais tive uma. Achava impossível que qualquer outra pessoa tivesse uma vida tão despovoada quanto a minha.

Imaginava então que "viver" era ter uma vida como a daquelas pessoas que apareciam constantemente em revistas e jornais, como notícias sociais; as que passavam fins de semana no Guarujá ou na Fazenda; as que freqüentavam festas, acontecimentos, cerimônias, jantares; as que apareciam na crista da onda e se vestiam no rigor da moda. Todas me davam a impressão de estar vivendo intensamente, menos eu.

"Quem sabe estou fora dessa 'vida intensa' pelo meu excesso de desconfiança? Talvez esteja sendo precavida demais, por exemplo, fugindo aos convites que Roque vem me fazendo. Nem o conheço pessoalmente e já pressuponho que seja um prepotente como a maioria dos *playboys*. Quem sabe se ele é uma exceção e por isso aguarda, com paciência, há mais de um mês, que eu aceite seu convite para sair? Vale a pena fazer uma tentativa quando ele voltar a ligar. Afinal de contas Roque é solteiro, rico e ótimo partido no conceito geral. Quem sabe se através dele eu possa me sentir incluída na 'roda-viva'?"

Recebi um cartão de Roque, com flores. Olhei-as querendo descobrir se elas teriam alguma coisa a ver com o fim da minha insatisfação. Ligou no dia seguinte, perguntando se tinha gostado das flores e se finalmente estava disposta a encontrá-lo. Considerei que se ele não me agradasse como homem, talvez pudesse se tornar um amigo.

Na hora marcada desci até a porta do edifício. Tinha-o visto apenas algumas vezes, de passagem, ou em fotos de jornal, nos acontecimentos sociais: era magro, de pele bronzeada e olhos azuis. Logo um conversível último tipo se aproximou. Era ele. Desceu, com um sorriso solícito, beijando minha mão antes de abrir a porta do carro para que eu entrasse.

Ao ver sua fisionomia de perto, senti que dificilmente ele poderia me despertar algum interesse. Havia qualquer coisa de insensível e burro na sua expressão, embora seus olhos refletissem vivacidade. Tentei superar minha primeira impressão, acusando-me de intransigente.

Ao me deixar em casa, na volta, convidou-me para assistir a uma partida de pólo no dia seguinte. Fiquei na dúvida quanto a aceitar ou não seu convite, já que ele não tinha me agradado de início. Mas aceitar seria estar em movimento, recusar seria ficar amorfa em meu quarto. Aceitei.

No clube, me senti por fora e alvo de curiosidade. As pessoas, todas emproadas, pareciam querer adivinhar o que é que eu, atrizinha de televisão, estava fazendo ali. Os homens me olhavam como uma caça, e as mulheres como uma rival prostituta. Notei certo exibicionismo em Roque, querendo deixar explícito que eu era presa sua, o que aumentava minha vontade de me esconder.

Em seguida me levou para jantar. Sempre dócil e gentil, preocupado em que eu escolhesse o melhor. Sua solicitude exagerada às vezes me cheirava a hipocrisia, mas achei que ele poderia estar agindo assim para ver se vencia a frieza que eu lhe impunha com a minha reserva.

Alguns dias depois, levou-me de presente alguns tecidos finíssimos (como nunca tive). Entregou-me ao mesmo tempo um cartão com o endereço de uma figurinista com quem mantinha conta aberta e que já tinha sido incumbida de executar os modelos.

"Se aceitar esse presente vou acabar tendo problemas, já que não pretendo me tornar sua amante", pensei. Mas aceitei, porque alimentava ainda a ilusão de poder um dia receber um presente sem ter que pagar por ele de alguma forma, apesar da experiência demonstrar que, comigo, essa possibilidade era nula.

Roque tentava tudo para me agradar e dissipar minha frieza. Em poucos dias, já subia ao meu apartamento para me apanhar, levando sempre alguma lembrança: discos, doces, pequenos objetos decorativos. Telefonava-me a toda hora, convidando-me para algum programa. E isso me dava a sensação de estar incluída na *vida intensa* que invejava nos outros.

Fiquei preocupada quando soube que ele tinha sob controle todos os meus horários de trabalho, ensaios, etc. Isso demonstrava que estava se apegando a mim, além da conta, enquanto eu via nele apenas um meio de tapear a solidão com certo conforto e, ainda, de tentar mudar minha maneira de ser.

Roque me levou, num fim de semana, para o Guarujá. Estava sem seu apartamento e nos instalamos num hotel. Pedi que reservasse apartamentos separados. À noite, depois do jantar, fomos até sua suíte para jogarmos cartas.

Nesse dia, forçou a aproximação física. Há três semanas que estava gozando de sua generosidade, e chegava a hora da cobrança. Sabia que isso ia acontecer, mas procurara adiar ao máximo. A culpa era minha que, mesmo não gostando dele, tinha aceito o conforto de sua companhia. Portanto, o mais prático seria saldar logo minha dívida e sumir no dia seguinte.

Procurei aliviar minha tensão, bebendo além do que suportava. Mas ao contrário do que pretendia, o álcool só aumentava a minha confusão mental. O que desejava mesmo era engolir uma bomba que fizesse explodir comigo, pois não estava conseguindo me suportar. "Contudo", pensava, "o mais confortável seria poder sentir algum prazer com ele, ou pelo menos submeter-me sem me custar tanto sacrifício."

Deixei-o me possuir, com ódio. Minha verdadeira vontade era arrancá-lo de cima de mim e enfrentá-lo numa luta corporal, ou fugir correndo igual a uma criança — como às vezes me sentia — à procura de alguém que pudesse me compreender e livrar daquela angústia. Mas onde encontrar alguém que pudesse me orientar e segurar minha mão, antes que eu despencasse nessas crateras do meu caminho, das quais tinha que sair sozinha, machucada, alquebrada, sangrando na carne e na alma? O preço do "conhecimento" teria que ser sempre esse para mim? Não haveria uma forma mais amena de "conhecer"?

Tudo isso eu pensava enquanto Roque estava sobre mim e eu pagava em silêncio o preço da minha leviandade. Chorei muito depois, escondida, e concluí que era preferível voltar ao torpor a continuar em companhia dele. Estava mais do que comprovado que não tinha nenhuma afinidade, nem física, nem mental com ele. E que não adiantava tampouco querer mudar meu modo de ser.

Ao voltarmos do Guarujá, Roque me convidou para jantar. Diante da minha recusa, insistiu para o jantar do dia seguinte. Ele parecia ter pressentido minha decisão interior e logo na manhã seguinte telefonou para confirmar o encontro.

Resolvi encontrá-lo, disposta a dizer que não pretendia mais vê-lo. Durante o jantar, tentei abordar várias vezes o assunto, mas ele, prevendo do que se tratava, inventava outros para desviar o meu. Percebi que não estava preparado para aceitar minha despedida, e que o mais cauteloso seria apenas preparar o terreno para numa próxima vez abrir inteiramente as cartas.

No dia seguinte, ao voltar de um ensaio à tarde, encontrei Anders casualmente na rua. Despedaçada como me encontrava, não me importou saber se devia ou não evitá-lo. O que importava é que ele me dava a única coisa que me fazia sentir integrada comigo mesma e com o mundo: os momentos intensos de amor que vivia com ele na cama.

Anders subiu comigo e, devido ao meu desespero, amei-o com uma ânsia que beirou a histeria. Depois do orgasmo de Anders tive uma convulsão de choro. Não era a primeira vez que isso acontecia. Quando conseguia uma integração total com alguém, chorava. Eu mesma não sabia se era de prazer ou de tristeza por esses momentos serem tão poucos.

Era inútil contar a Anders o que sentia por dentro. Estava cansada de saber que ele não me daria nenhum auxílio a não ser aquele que o auxiliava também. Anders saiu alimentado e eu fiquei com a minha necessidade de compreensão e amparo insatisfeita.

Tornei a encontrar Roque num restaurante com o propósito de esclarecer tudo e pôr um ponto final na nossa história. Só não podia dizer a verdade, que era ofensiva a ele. Seria confessar sua total insignificância para mim. Achei que a melhor maneira era dizer que tinha tentado esquecer alguém com quem tinha rompido e não tendo conseguido achava mais honesto deixá-lo.

Ao ouvir isso, os olhos de Roque faiscaram como os de um cão feroz. Mas disfarçou logo, dizendo que sentia muito, mas compreendia e queria ao menos me ver de vez em quando como amigo.

Fiquei aliviada com sua reação ao mesmo tempo que pensava que para um homem era sempre fácil dizer adeus. Só a mulher tinha que se explicar e desculpar tanto para dispensar um homem.

Na noite seguinte, o telefone tocou por volta das duas horas da madrugada. Era Roque com a voz pastosa de quem havia bebido:

— Preciso vê-la agora, já.

Estranhei o fato de ele estar agindo em desacordo com o que havia dito no dia anterior. Pedi que me telefonasse no dia seguinte. Insistiu mais e, diante da minha recusa, desligou. Fiquei inquieta pois dava o assunto como encerrado.

Acendi um cigarro para me ajudar a refletir. Não estava entendendo seu procedimento. Ele jamais tinha tomado a liberdade de ligar àquela hora e o tom de sua voz me afligiu.

Nem bem acabei de apagar meu cigarro quando ouvi a campainha da porta tocar.

Levantei da cama num sobressalto e, com os pés descalços, sem fazer ruído, fui até a sala e espiei pelo olho mágico. Era ele com um ramo de flores na mão. Não entendi como tinha conseguido entrar no edifício se não possuía a chave.

Fingi estar dormindo e a campainha passou a soar cada vez mais forte e sem intermitência. Temi que os vizinhos começassem a reclamar e o zelador subisse para ver do que se tratava. Quando vi que não desistiria, abri parte da porta, que estava protegida por uma corrente, e simulando sonolência, pedi outra vez que me procurasse no dia seguinte porque tinha ensaio logo cedo.

Ele insistiu:

— Desculpe, mas é que tive vontade de te trazer estas flores.

— Por favor, eu te peço, volte amanhã, senão não vou mais conseguir pegar no sono.

— Abra um minutinho. Só quero te entregar as flores e vou embora.

Apesar da docilidade que aparentava, sua atitude continuava a me intrigar. "Se a tomou é porque está fora do normal e, sendo assim, se eu não abrir a porta, é possível que ele passe a esmurrá-la já que teve a ousadia de fazer tamanho alarde com a campainha a uma hora destas", pensei. Com medo de escândalo, abri a porta.

Roque entrou com um sorriso e me entregou as flores. Achei prudente fingir cordialidade.

Fui até a cozinha colocar água no vaso e, ao voltar para a sala, ainda ajeitando as flores, vi sua fisionomia inteiramente mudada. Estava agora com uma expressão séria e demoníaca.

Quando acabei de colocar o vaso sobre a mesa e me virei em sua direção, ele deu um passo até onde eu estava e, agarrando minha camisola pelo decote, arrancou-a de um só golpe, deixando-me nua. Fiquei atônita, sem compreender o que estava acontecendo. Então, com uma força que nunca supus que tivesse, deu-me vários bofetões na cara, atirando-me contra o sofá.

Quis reagir levantando-me, mas já acavalado sobre meu tronco, ele me mantinha presa, continuando a me espancar, enquanto me chamava de todos os palavrões possíveis. Quando ameacei gritar, ele tirou do bolso um revólver e, encostando-o contra meu crânio, disse:

— Grita! Se você abrir a boca eu estouro com teus miolos. Foi para isso que vim aqui.

Com a mão direita segurando o revólver, e com a outra me beliscando, me mordia ao mesmo tempo com ferocidade, até onde sua boca alcançasse sem que o cano do revólver tivesse que desencostar da minha cabeça.

— Antes vou arruinar tua carne, sua puta. Você não vai mais poder usar esse corpo nem que queira. Comigo vai ter que aprender.

Eu abafava meus gemidos. A qualquer reação minha ele poderia apertar o gatilho. Pela sua expressão, era mais do que certo que o faria.

Ordenou que me levantasse, sempre com o revólver apontado para mim, e me fez ir até o quarto. Mandou que me deitasse na cama e, montando outra vez sobre mim, tentava em vão me possuir. Com a arma ainda na mão, mas sem estar apontada em minha direção, ousei um movimento para me desvencilhar. Mas ele, aproximando-a novamente do meu rosto, desta vez com a parte da coronha, voltou a ameaçar:

— Se mexe que eu te desfiguro a cara com esta coronha. Te arrebento os dentes e te esfacelo os ossos. Quero ver se vai poder continuar a usar a cara na tua profissão. Fica quietinha e só faz o que eu mandar.

Estava perdida. Pela sua ira, o menor gesto meu provocaria a centelha necessária para levá-lo a executar sua ameaça. Chorava baixo, sem entender por que aquilo estava acontecendo comigo. Jamais imaginei que alguém pudesse passar por tanta humilhação. Achava mesmo que seria impossível encarar normalmente os outros e a mim mesma, depois daquilo.

Ordenou que me levantasse e me fez ir até o outro quarto. Pensei que fosse dar fim àquilo, mas tornou a ordenar:

— Deita agora nessa cama, sua puta. Vou buscar um amigo que está lá fora para te comer.

Achei que sua covardia e crueldade não pudessem chegar a tanto, mas ele já tinha aberto a porta da sala e vinha com alguém. Trouxe o rapaz até onde eu estava e disse-lhe:

— Tá aí: come ela na minha frente, pra ela saber que é uma puta, que não pode andar com um enquanto dá para outro. Onde estão os discos que eu te dei, e você pôs na vitrola enquanto trepava com outro, anteontem à tarde? Para ele você dava gostoso e gemia não é, sua rameira?

Apanhou os discos na sala e começou a espatifá-los contra o batente da porta.

Só então compreendi que sua ira não era só por tê-lo deixado, mas também porque se sentia corneado. Fiquei desnorteada:

"Mas, então, se ele sabia, por que não demonstrou na noite em que concordou com a minha despedida? Por que fingiu não saber de nada, dizendo que queria até ser meu amigo; seria porque estava sozinho num lugar público? Então sua infâmia ia a ponto de fingir cordialidade, enquanto já estava tramando aquela vingança ignóbil, com todos os requintes de crueldade? Era possível existir alguém tão covarde?"

Tentei abrandar seu ódio, dizendo que estava enganado, que não tinha estado com ninguém, mas ele atalhou logo:

— Não adianta mentir, sua rameira. Eu tenho um tira vigiando teus passos o dia todo, desde antes de te conhecer. Ele estava te seguindo e viu você entrar com um cara. Ficou do outro lado da porta da sala, ouvindo vocês treparem. Quer que eu dê os detalhes? Quer que eu diga as músicas que vocês ouviram? O tempo que durou? Para ele você dava gostoso e gemia como uma vagabunda, não é? Mas comigo ficou quietinha, por quê? Você não é puta? Puta tem que gemer com qualquer um. Quero ver você gemer com ele agora.

E virando-se para o rapaz:

— Anda, come ela que eu quero ver.

Acuada, e com pudor de estar nua, lancei um olhar tão veemente ao rapaz que talvez tenha conseguido comovê-lo com meu desespero, pois, quando Roque tornou a instigá-lo, ele falou:

— Chega, você já exagerou bastante. Olha só o estado em que ela está. Pare com isso e vamos embora.

E retirou-se.

Senti uma gosma quente escorrer da minha narina. Quando coloquei o dedo, vi que o que escorria era sangue. Fiquei tão indignada que perdi o medo da morte. Levantei para ir ao banheiro, mas no meio do caminho ele deteve meus passos:

— Eu vou embora, mas antes vou te liquidar.

— É a única coisa que você pode fazer para me ajudar — respondi com firmeza. — O pior que você pode fazer é me deixar viva depois disso.

E segui.

Por ter se impressionado com a quantidade de sangue que começou a escorrer do meu nariz, atingindo já o colo, ou por não ter contado com a minha repentina coragem, ele atendeu ao pedido que seu amigo voltou a fazer da sala, para que se fossem.

Ouvi a porta da sala bater, mas não tive ânimo de verificar se tinham saído mesmo, pois nada mais me importava.

Quando me vi no espelho do banheiro, toda ensangüentada, os olhos arroxeados, o rosto já inchado, tive realmente compaixão de mim. Arriei no chão e chorei. Não sentia os machucados porque era maior a dor de saber que existia no mundo tanta vileza. Queria vingar-me de sua covardia, mas como? Não tinha ninguém que pudesse me valer naquela situação. Contava apenas comigo mesma e era frágil para enfrentá-lo. Gemia de ódio e impotência no chão do banheiro.

Levantei-me com esforço e, empapando a toalha com água, comecei a limpar o sangue. Meu rosto estava deformado e dolorido.

"Cinira é a única pessoa a quem eu posso apelar, mas assim mesmo é preciso refletir antes. Mais prudente seria esconder dela também. Mas é necessário que eu recorra a ela, para me ajudar e orientar. Ele pode voltar outro dia, sabe que eu vivo só. E meu trabalho? Do jeito que estou não vou poder sair na rua tão cedo. Se isso chegar ao conhecimento de alguém na televisão estou perdida. Que fazer?"

Voltei para a cama e fiquei de vigília, remoendo tudo. Esperei que o dia clareasse até me decidir a telefonar para

Cinira. Em 15 minutos, ela chegou em casa. Depois de explodir sua indignação pelo que tinha acontecido, passou a se preocupar com medidas práticas:

— É necessário dar uma lição nesse cara. É um covarde, um canalha! Atreveu-se a vir aqui porque sabe que você mora sozinha.

— E se ele voltar?

— E você acha que vou te deixar sozinha depois disso? Venho hoje mesmo para cá. Antes de tudo é preciso chamar um advogado já e abrir um processo contra ele.

— Tenho medo. Mexer nisso vai ser pior. Se sair alguma nota em jornal, acaba com a minha carreira, com meu trabalho. Ninguém pode ficar sabendo de nada.

— Mas é preciso abrir um processo. Se ele não sentir que você tem alguém que tenha tomado uma providência por você, vai acabar voltando mesmo. Eu chamo um advogado amigo meu. Ele é de confiança e vai resolver tudo sem que ninguém fique sabendo.

— E como faço com a televisão? Só posso aparecer lá quando meu rosto voltar ao normal e meu programa é diário.

— Eu arrumo um atestado médico comprovando que você precisou de socorro urgente e necessita ficar alguns dias em observação. Pode deixar comigo. Eu vou à diretoria da televisão pessoalmente entregar o atestado e pedir que dêem um jeito até você voltar.

Telefonou para seu amigo advogado, pedindo que viesse com urgência. Em seguida providenciou compressas de água quente para colocar sobre minhas equimoses.

Às dez horas da manhã, chegou o advogado. Eu também o conhecia. Era um dos catedráticos que apareciam pelo gabinete quando eu trabalhava na repartição. Depois de ter ouvido de Cinira o que tinha se passado, deu sua opinião:

— O que se pode fazer no caso é mover uma ação contra agressão e invasão de domicílio.

— Mas se eu tiver que comparecer a algum lugar para prestar depoimento, vão me reconhecer e a notícia vai correr.

— Você não precisa prestar nenhum depoimento agora. Só daqui a um ano. E se até lá você desistir, o processo fica automaticamente arquivado. Só o agressor é que vai ter que comparecer agora para responder à intimação.

— Mas é preciso também arranjar um jeito de dar proteção a ela. Vou ficar morando aqui, mas ele pode voltar numa hora em que eu esteja fora.

— Posso pedir garantia de vida. Mas para isso ela vai ter que ir até à delegacia para ser submetida a um exame em que se comprove a agressão.

— Tenho medo, alguém pode me reconhecer.

Cinira interveio:

— Põe óculos escuros e amarra um lenço na cabeça. Deixamos o táxi esperando na porta. Ninguém vai te reconhecer, nesse tempo.

— É rápido — explicou o advogado. — Eu vou junto para que te atendam e liberem na hora. É uma mera formalidade. Mas tem de ser já, porque logo mais, tenho uma audiência.

Examinada e comprovada a agressão, saímos logo. O advogado já tinha a garantia de que, a partir das duas da tarde, haveria um guarda vestido à paisana, vigiando a entrada do edifício, durante pelo menos cinco dias.

Mesmo contando com essa proteção, quando Cinira saiu à tarde para providenciar o atestado médico e eu fiquei sozinha, tremia a qualquer ruído que ouvia lá fora.

Mais tarde a campainha tocou e eu fiquei tomada de pânico. Mas consegui me dominar ao lembrar que poderia ser o próprio guarda querendo me perguntar alguma coisa. Fui pé ante pé até a sala e espiei pelo olho mágico.

Vi a cara do zelador. Meu primeiro impulso foi fingir que não estava em casa. Mas era inútil deixar de atendê-lo; mais cedo ou mais tarde, ele saberia que eu estava lá dentro. Recoloquei os óculos escuros. A penumbra da sala ajudaria a esconder meu rosto. Abri uma nesga da porta para atendê-lo.

— Queria falar com a senhora sobre ontem de noite.

Assustei-me:

— Por quê? Alguém reclamou alguma coisa?

— Não, ninguém reclamou nada. Eu é que acordei com um movimento na entrada do edifício e me levantei para ver o que era. Queria prevenir a senhora do que vi. Não precisa ficar com receio de mim. Eu só vim para lhe dar ajuda.

Abri a porta e ele continuou:

— Eu acho que é meu dever avisar que as pessoas que estiveram aqui devem ser perigosas. Primeiro saltaram o muro. Depois, quando subi para saber o que estavam fazendo, vi, sem ser visto, dois sujeitos mal-encarados, com jeito de tira, urinando pelas paredes do corredor enquanto um outro com cara de *playboy* esperava. Fiquei preocupado com a senhora, mas como não ouvi nada dentro do seu apartamento fiquei quieto. Achei que a senhora não estava. Mas estou vendo que lhe fizeram alguma covardia. Se precisar de alguma coisa pode contar comigo. Sou testemunha da provocação deles.

— Obrigada. O senhor tem certeza de que nenhum vizinho percebeu?

— Acho que não. Alguns me perguntaram se eu sabia onde haviam tocado a campainha tão forte de madrugada. Mas eu disse que não sabia. Pode ficar descansada que eu despisto se me fizerem mais perguntas. Pode contar comigo.

— Muito obrigada.

Felizmente o porteiro não tinha perdido o respeito com que sempre me tratou, coisa que temi durante toda a vigília. Já era olhada com certa reserva por alguns moradores por ser mulher e viver só. Mas ninguém olhava com reserva o magnata casado que tinha no mesmo edifício, tido como residencial, uma luxuosa *garçonnière*. Esse era tratado pelos moradores até com honraria.

Voltei para a cama e, recolocando as compressas, fiquei refletindo sobre o que o porteiro tinha acabado de me contar. E me dei conta de que não tinha morrido por acaso. Roque tinha se munido de todos os recursos e estava preparado para qualquer desfecho: além do amigo, tinha levado mais dois capangas.

Então era verdade que mantinha um tira vigiando meus passos. Por isso sabia de todos os meus horários de ensaio, de programação, de tudo, e eu não entendia como. Se eu tivesse gritado ele poderia ter me assassinado e mandado os capangas retirarem meu cadáver. Poderia ter sido um daqueles "crimes misteriosos" que acabam sendo arquivados. Principalmente no meu caso, que não tinha nenhum familiar para reclamar. Estava disposto mesmo a me matar senão por que teria levado mais três, sabendo que eu morava sozinha?

Fiquei estarrecida. Era inacreditável que eu vivesse num mundo em que alguém se julgasse com o direito de me ameaçar de morte por eu querer viver fora de seu alcance.

Senti então um ódio mortal por todos os Roques de São Paulo. E se ele aparecesse ainda à minha frente eu seria capaz de abatê-lo numa luta física, tal a força da minha revolta.

Os dias que permaneci em casa, me refazendo das equimoses, foram terríveis. Cheguei a duvidar de minha decência, já que me acontecia uma coisa como aquela. Para ser livre, tinha que lutar como numa arena, exposta a leões famintos. E, desde que me tornara conhecida, através da minha profissão, esses leões se tornavam cada vez mais ferozes.

Só então pude acreditar no que um ex-colega de repartição me disse logo depois de ter começado a fazer sucesso na televisão. Telefonou para me avisar que a dona de um bordel de luxo estava dispondo do meu nome para sua clientela. Tinha me proposto a um amigo seu e a ele próprio, quando foi até lá para confirmar se era verdade.

Quis me dar o nome da mulher e o endereço para que eu tomasse alguma providência contra, mas nem sequer tomei conhecimento. Achava que só podia ser algum trote gratuito. Só agora podia admitir que isso fosse verdade. E só agora podia avaliar o que se passaria na cabeça de cada espectador que me via. Cada qual deveria me ver de acordo com suas próprias deformações.

Mas isso tudo que estava me acontecendo não adiantava para me fazer desistir do meu caminho. Só servia para me desafiar a continuar nele até o fim.

XXX

Embora os horários e hábitos de Cinira fossem totalmente diferentes dos meus, era consolador saber que contava com sua presença em casa ao menos em determinadas horas. Mas logo ela se casou com um italiano e eu voltei a ficar só.

Um acontecimento inesperado veio preencher meu vazio e de certa forma dar novo rumo à minha vida: foi no dia em que ao verificar a tabela de programação da emissora vi meu nome escalado para completar o elenco do Teatro Brasileiro de Comédia que ia fazer uma série de apresentações na TV, durante dois meses.

Como meu nome era o único de TV a constar entre os dos atores daquele teatro, supus que pudesse haver algum engano e fui me certificar com o responsável pela programação:

— Tem certeza que fui escalada para trabalhar com eles?

— Tenho. Estavam precisando de um tipo como o seu para a primeira peça e não tinham no próprio elenco.

Apanhei o *script* e saí de lá animada, mesmo contando com que, certamente, não me caberia mais do que alguma ponta. Afinal, o T.B.C. era o teatro mais importante e respeitado do país.

Ao ler o roteiro em casa, tive a surpresa de ver que, ao contrário do que imaginava, meu papel era bastante importante: ia dividir a responsabilidade de *Luz de gás* nada mais nada menos do que com dois dos maiores mitos do teatro: Paulo Autran e Tônia Carrero.

Embora a peça fosse ser apresentada na televisão, os ensaios eram feitos no próprio teatro. O primeiro dia que entrei no T.B.C. e desci as escadarias que me levariam para as salas de ensaio e camarins, tive a sensação de estar penetrando num antro sagrado. Para mim, e para qualquer ator, o T.B.C. representava na época um verdadeiro templo e os atores seus sacerdotes.

O primeiro ensaio foi com todo o elenco sentado em torno de uma grande mesa, cada qual lendo sua parte diante do diretor Adolfo Celi.

Assustei-me quando ouvi minha voz misturada à daqueles monstros sagrados. Teria eu condições de enfrentá-los? Vontade não me faltava. Tinha apenas que vencer a inibição inicial que a presença deles me causava, por vê-los ainda sob o ângulo mítico.

Em casa, estudava meu personagem sem parar, em voz alta, de todas as formas possíveis até ganhar segurança e desembaraço. Sempre que fazia alguma coisa, tinha que ter a certeza de que, se falhasse, seria por qualquer outra razão, mas não por falta do meu total empenho.

O ambiente de teatro me agradou de cara. Era bem diferente do da televisão. O grupo de atores e técnicos era pequeno e selecionado, havendo homogeneidade entre as pessoas. Podia se sentir no ar o respeito pelo trabalho que faziam e o de um indivíduo pelo outro.

Fiquei ansiosa para que chegassem as cenas de amor que

teria com Paulo Autran. Tinha-o visto uma vez no palco, na peça *A ralé*, em que ele aparecia com uma camiseta que deixava à mostra quase todo o seu tórax. Tinha gostado do seu desempenho mas, mais do que tudo, tinha impregnado minha fantasia erótica com ângulos de seu peito, ombros e principalmente nuca, que lembrava a de Marlon Brando.

Achava emocionante me ver agora na situação de ter que abraçar e beijar esse homem publicamente. Era tão emocionante que, quando chegaram os ensaios de marcação, fiquei perturbada, sem saber que atitude tomar. Não tinha coragem de fazer, como nas outras cenas, o que a rubrica indicava. Porque nessa ela mandava abraçá-lo e beijá-lo com toda a intensidade. Ficava então à espera das ordens do diretor.

Mas Celi, que já tinha se manifestado sobre todas as outras marcações, deixava essa em branco. Não sabia se ele a estava deixando a meu critério ou se seria praxe em teatro beijar somente na apresentação para o público. Não podia tampouco esperar que Paulo tomasse a iniciativa porque, segundo a história, era eu que o seduzia e não ele a mim.

Com receio de dar um fora, ficava tomada de dúvida e expectativa sempre que se aproximava o momento dessa cena. Depois de decorridos vários dias de ensaio a expectativa tomou a forma de um desafio para mim. Não sabia situar se o desafio era para mim como mulher ou para mim como atriz, o que me deixava confusa.

Quando vi que a data da apresentação se aproximava e a cena ainda não tinha sido definida, senti que cabia a mim resolvê-la já que era a mim que ela inquietava. Para isso, tive que ir até o bar da esquina e tomar um *cognac* para me dar coragem e ajudar a me convencer de que tudo que fizesse no ensaio desse dia seria de exclusiva responsabilidade do personagem e não minha. Ao chegar o momento da cena, antes que a hesitação voltasse a tomar conta de mim, passei os braços pelos ombros de Paulo e suas mãos enlaçaram automaticamente minha cintura. Encarei-o com segurança e beijei-o longamente na boca, três vezes seguidas, como pedia a rubrica.

Houve harmonia e correspondência entre meus movimentos e os dele, e senti que a cena ficou intensa e bonita. O silêncio total que se fez em torno de nós, então, só foi quebrado quando, ao se retirar de cena, Paulo, perturbado, errou em sua fala seguinte, provocando o riso dele próprio e dos demais atores que passaram a fazer piadas irônicas quanto ao nosso desempenho. No fim do ensaio, Celi veio me cumprimentar entusiasmado, dizendo que a minha atuação tinha sido perfeita.

A apresentação da peça na televisão foi um sucesso. Depois dela, os beijos foram proibidos no vídeo porque alguns espectadores e setores da administração da emissora tinham se escandalizado com a veracidade deles. Inteiramente aprovada no meu primeiro desempenho, passaram a me requisitar para os espetáculos seguintes também. Terminado o contrato de dois meses que tinham com a televisão, perdi-os de vista.

Um mês depois, Celi mandou me chamar para interpretar no palco um personagem da nova peça que ia montar no T.B.C.: *Santa Marta Fabril S.A.*, de Abílio Pereira de Almeida, o autor nacional de maior sucesso então. Sua especialidade era satirizar a sociedade paulista, da qual ele próprio fazia parte. Meu personagem era o de Nenê Paraíso, uma gaúcha apetitosa mas ignorante que a elite *snob* de São Paulo tinha que engolir com sorrisos, por ser casada com um dos mais altos figurões do Governo Vargas. Embora tivesse me saído sempre bem na televisão, jamais tinha pensado em palco e fiquei surpresa com a demonstração de confiança que tanto Abílio como autor e Celi como diretor tinham em mim.

Desta vez, ia contracenar com Walmor Chagas, Cleide Yaconis, Maurício Barroso, Célia Biar, Freddy Kleemann, Benedito Corsi, Margarida Rey, Eugênio Kusnet, Dina Lisboa, Elizabeth Henreid, Waldemar Wey; enfim o elenco todo do Teatro Brasileiro de Comédia.

Sentia-me satisfeita por estar integrada ao elenco do T.B.C., porque estava sendo edificante para mim tanto no sentido profissional quanto humano. Era uma gente com quem eu me identificava e que tinha alguma coisa a me dar.

Mas a dificuldade que sempre tinha tido em me relacionar com os outros começou a se manifestar com uma força cada vez mais crescente e dominadora, a partir dessa época. Um mecanismo psíquico, mais forte do que a minha vontade e a minha razão, tolhia-me qualquer palavra ou movimento no sentido de me aproximar de alguém. E quanto maior era meu interesse por uma pessoa, maior era a força que me impedia de comunicar-me com ela ou de deixar que ela se chegasse a mim.

A minha expressão fisionômica *grave* e *distante*, que já causava estranheza aos outros, tornava-se também ainda mais acentuada. Era como se, diante dos outros, eu tivesse que vestir uma máscara para me defender e encobrir meu *verdadeiro eu*, como se a revelação dele implicasse uma conseqüente rejeição. Era comum as pessoas me considerarem arrogante, convencida, pretensiosa, estranha, enigmática, orgulhosa, fria, distante e até calculista, quando o que eu sentia era apenas medo delas.

Com meus colegas de teatro esse mecanismo se manifestava, além dessa, de outra forma também: a confiança e o respeito que depositavam em mim, em vez de me ajudar, me apavorava. Era como se estivessem me dando uma coisa que eu não merecia e eu, recebendo-a, estivesse enganando-os. Então, para não correr o risco de perder a aceitação profissional que já me davam, eu restringia minha convivência com eles apenas ao âmbito do trabalho. Temia que, convivendo com eles além desse limite, estivesse me expondo a ser "descoberta" e portanto intolerada.

Isso constituía um verdadeiro tormento para mim, porque me via entre pessoas com as quais gostaria de conviver e justamente por isso me sentia impedida de fazê-lo. No entanto, quando eu tinha desprezo por uma pessoa, tornava-se fácil relacionar-me com ela.

Na noite da estréia da peça, o medo de não corresponder ao que esperavam de mim explodiu. As estréias do T.B.C. constituíam o movimento social e cultural de maior importância na cidade. Era um acontecimento determinador da opinião pública. Senti então que, se não correspondesse ao encargo que me haviam confiado, seria excluída, não só do convívio comum (como já me sentia) como também do único que me restava: o profissional.

Quando ouvi a campainha tocar pela segunda vez anunciando o início do espetáculo, me descontrolei. Senti um pavor tão grande que a morte e a fuga me apareceram como única saída. Fechada em meu camarim, contorcendo-me contra as paredes para tentar vencer a angústia que essa sensação me dava, ouvi a voz de Celi passando pelo corredor, de porta em porta, para ver se tudo estava em ordem e para desejar "merda" a cada ator, o que na linguagem teatral significa "boa sorte".

Quando ele abriu minha porta me encontrou encolhida num canto. Sua presença, que nos ensaios me dava até um certo conforto, nesse momento me pareceu como a de um algoz. Eu tinha a exata sensação de ser uma criança indefesa à mercê de adultos inescrupulosos e cruéis.

Ao me notar diferente, Celi entrou, fechando a porta atrás de si. No momento em que ele perguntou o que é que estava se passando comigo, desatei a chorar. Roguei-lhe então que tivesse tolerância e me deixasse ir embora porque não estava em condições de aparecer no palco naquela noite.

Quando vi que minhas súplicas não o atingiam e que ele continuava de pé firme como um carrasco, exigindo meu sacrifício, o pânico fez com que eu começasse a guardar às pressas dentro de uma maleta todo meu material de maquilagem e de uso pessoal, para dar o fora.

Só então ele se preocupou:

— Mas você está louca? Pensa mesmo que vai sair?

Minhas lágrimas já tinham derretido a pintura dos olhos que escorria pelo rosto e começava a respingar pelo colo.

— Mas o que é que te deu de repente, se você sempre fez o personagem maravilhosamente?

Esse *maravilhosamente,* em lugar de me consolar, como ele pretendia, me fez desesperar ainda mais: pois implicava a responsabilidade de corresponder, não só ao aceitável, como também ao *maravilhoso.*

Quando quis afastá-lo da minha frente, para abrir a porta, fui sacudida por uma vigorosa bofetada. O choque me paralisou o raciocínio e, como um autômato, passei a obedecer às suas ordens:

— Vamos, limpe o rosto e se acalme. Tem muito tempo. Você só entra no segundo ato, tem tempo de sobra para refazer a maquilagem.

Recoloquei o material sobre a bancada, comecei a limpar as manchas de rímel e aos poucos refazer a maquilagem, tal como ele ordenava. Antes de abrir a porta para se retirar ele se desculpou:

— Perdão, eu não queria fazer isso, mas foi necessário. Agora você vai poder entrar.

Fiquei novamente sozinha.

O espetáculo já tinha começado. Tentei me agarrar a alguma coisa que me diminuísse a ansiedade até o momento de entrar em cena.

Celi tinha dito uma vez que quando um ator, por alguma razão, estivesse sem ânimo de representar, ou vacilante em qualquer trecho, o melhor a fazer era proferir o texto em voz alta, o maior número de vezes possível. Esse simples exercício fazia reavivar o ânimo e a disposição para o palco.

Fechei-me na sala de ensaios e, concentrada em meu personagem, me pus a repetir o texto em voz alta, até a hora de ir dizê-lo em público.

Quando pisei no palco e senti o peso silencioso da platéia, abriu-se um vácuo no lugar do meu estômago e, alguns segundos depois, quando ouvi apenas minha voz ecoando no espaço, achei que era impossível aquele som estar saindo da *minha* garganta. Sentia-me como um ser de outra espécie, com todos os olhos e ouvidos do mundo postos em mim para descobrir que bicho eu era e decidir o destino a ser dado a mim.

Para fugir dessa sensação insuportável, me agarrei à preocupação única de acertar o texto. E, como num milagre, vi que minha voz e meus movimentos se manifestavam apesar do meu estado.

Depois de alguns minutos, percebi pela reação da platéia que não só estava sendo aceita como também apoiada por ela. A expressão de certos colegas, que contracenavam comigo, mostrava que eles também estavam me aprovando e até mesmo surpresos com a intensidade da reação que eu estava provocando na platéia.

Os aplausos, os cumprimentos, os elogios no fim do espetáculo de nada adiantaram para me modificar e me tornar confiante nos dias seguintes. Ao contrário, como no caso do *maravilhosamente,* me afligiam, porque acarretavam a responsabilidade de ter que corresponder todas as noites ao mesmo sucesso.

No espetáculo do dia seguinte, embora exteriormente conseguisse me controlar, interiormente estava tão apavorada quanto na noite da estréia. Pior, porque, já livre da preocupação do texto, passei a sentir cada gesto meu com uma dimensão descomunal, como se fosse a única coisa visível em todo o espaço. Sentia-me como se fosse uma outra pessoa, sentada na platéia, examinando criticamente cada gesto, cada movimento, cada entonação minha. Essa autoconsciência inibiu minha espontaneidade, e o nervoso me fez secar a garganta, dificultando minha voz. A cena me pareceu infindável e a platéia não reagiu da mesma forma da noite anterior. A muito custo Walmor Chagas conseguiu coincidir seu fósforo aceso com a ponta do meu cigarro, tão trêmula eu estava.

XXXI

Com menos de um ano de atividade na televisão, tive de abandoná-la, em fins de 1954, para dedicar-me ao teatro.

Dois meses depois de a peça estar em cartaz, Abílio P. de Almeida me convidou para ingressar no cinema, fazendo o principal papel feminino de uma história de sua autoria, *O gato da Madame*, que tinha Mazzaropi como protagonista. Meu personagem era o de uma mulher rica e caprichosa que vivia à procura de seu gato perdido e que, nos sonhos de um simplório que pretendia conquistá-la, se transformava na Marquesa de Santos e ele em D. Pedro I.

Habituada à TV, o olho mecânico da câmera cinematográfica não me provocou as mesmas sensações desesperadoras que o olho vivo do público. Adaptei-me com facilidade. Porém, ao ver minha imagem, pela primeira vez, projetada na tela, tive um choque. Achei-me horrível. Tive vontade de refazer tudo de novo para ver se conseguia construir uma outra imagem, pois aquela me era odiável. Pedi ao Abílio, também produtor do filme, que assistia ao copião ao meu lado, para refilmar a cena, mas alegando outro motivo:

— Eu posso fazer muito melhor, tenho certeza.

Abílio, cuja personalidade se caracterizava pelo otimismo e humor, riu:

— Se você conhecesse os processos de cinema não fazia esse pedido nem de brincadeira.

— Mas eu pago. Vocês podem descontar o custo da refilmagem do que tenho a receber pelo contrato, mesmo que custe ele todo.

— Você está brincando? Sabe lá quantos ordenados seus são necessários para construir só um cenariozinho como esse que já foi desfeito? E depois, pra que você quer fazer melhor, se eu e o diretor estamos satisfeitíssimos? Nós já estivemos até comentando que, diante do resultado que vimos, você tem um futuro cinematográfico promissor pela frente.

Só parei de insistir quando me convenci de que era impossível meu pedido ser atendido. Assim que fiquei sozinha desabafei minha decepção, caindo em pranto.

Apesar da aceitação unânime que tive tanto na primeira aparição no palco quanto na tela, e apesar de ver meu nome crescer em fama e prestígio, eu mesma não me sentia aceita. Por isso, fora as horas do trabalho, vivia na mais total solidão.

A única forma que encontrava para extravasar minha angústia, então, era vomitá-la no papel, para mim mesma, como num trecho que guardo da época:

> "Há dias em que meu cérebro se transforma num vácuo. Os pensamentos inundam meu raciocínio, se emaranham todos e não consigo concatená-los até o fim. Incontáveis cenas me vêm à mente. Relembro frases que poderia ter dito em determinada ocasião, mas deixei de dizer, cenas que não foram vividas, mas que poderiam ter sido, atitudes que eu

> gostaria de ter tomado, mas que contive. Fico com o corpo cansado de tanto viver 'mentalmente'. Quando me decido a viver na 'realidade' e me disponho a enfrentar o mundo lá fora, ao deparar com a rua, as pessoas, o tráfego, tudo me assusta e me causa estranheza, como se eu nunca tivesse pertencido a esse movimento. Tudo me choca e espanta de tal forma que volto a me refugiar na cama e continuo vivendo apenas na 'imaginação'."

Solange, uma ex-colega de repartição, apareceu uma noite no teatro e ao fim do espetáculo foi até meu camarim para me cumprimentar. Ao vê-la, tive uma sensação de alívio, como se tivesse regressado ao tempo da repartição, época em que, embora já estivesse sujeita ao sofrimento, ele não me oprimia com a mesma força de agora.

Solange acabava de chegar de mais uma viagem ao estrangeiro e vestia-se como sempre, segundo o último grito da moda. Continuava amante de um grande político que, por ser casado, compensava-a com grandes presentes como apartamentos, terrenos, carros, jóias, viagens ao estrangeiro e casas de veraneio. Solange me convidou para batermos um papo no Nick Bar.

Esse bar, com entrada direta pelo saguão do T.B.C., tinha sido, até pouco tempo atrás, o centro máximo da badalação artística e social de São Paulo. Nele se reuniam os expoentes da sociedade, da intelectualidade, das artes em geral, em torno dos atores do T.B.C. e da extinta Produtora Cinematográfica Vera Cruz. Só tive acesso a ele depois de sua decadência, quando já estava relegado ao abandono.

Sentada ao lado de Solange, ouvindo-a contar as façanhas de sua última viagem, observava-a atentamente procurando descobrir qual o mistério que a fazia extrovertida, comunicativa e alegre, quando eu me tornava cada vez mais introvertida, arredia, incomunicável. Seria inútil pedir que me ajudasse a desvendar esse mistério, porque, como em outras ocasiões em que ousei pedir ajuda a alguém, teria em resposta o mesmo argumento: "você é jovem, bonita e talentosa, tem tudo para ser feliz. Se não o é, é porque não quer".

As pessoas pareciam só compreender o sofrimento físico, e o meu, de causa abstrata, tornava-se mais desolador por não encontrar ninguém que o reconhecesse ou com quem pudesse me identificar nele.

A voz de um homem que veio cumprimentar Solange me tirou da introspecção. Era Henry Silbert, um ex-produtor de cinema. Já tinha ouvido muitos comentários a respeito desse homem, descendente de ingleses, maneiroso e gentil. Além de nós três, não havia mais ninguém no bar a não ser os garçons. Ambos lamentaram com saudosismo a decadência do bar e Solange nos convidou para irmos até sua casa.

Na primeira etapa da conversa, em que Solange quis saber detalhes da separação de Henry, com uma amiga sua, atriz famosa de cinema, observei que ele estava bastante deprimido. Mas mesmo assim, manteve a conversa viva por muito tempo, tempo em que pude ver que ele era um homem delicado, seguro, cheio de calor humano e sem o menor sinal de prepotência. O que me fez aderir à conversa ativamente quando ela recaiu sobre assuntos de nosso interesse comum: cinema e teatro.

Quando o dia amanheceu eu e Henry já estávamos envolvidos um com o outro. E a confiança que ele me inspirou logo de início permitiu que eu dormisse com ele nesse mesmo dia, na casa de Solange, sem meus habituais fantasmas de culpa.

A partir de então passamos a nos encontrar diariamente. Assim como eu precisava de um companheiro para fugir à solidão, ele precisava de alguém que o recuperasse de seu amor-próprio ferido, de sua última desilusão amorosa. Recém-chegado da Europa, onde sua tentativa profissional também tinha sido frustrada, Henry estava ávido por se refazer moral e profissionalmente, para reafirmar-se diante dos que o julgavam vencido. Por isso, levava uma vida social intensa e movimentada, fazendo-me conhecer todos os meios artísticos sociais, teatrais e cinematográficos de São Paulo. Sua sociabilidade e comunicabilidade compensava meu excessivo retraimento.

O que eu mais admirava nele era sua capacidade de construir e reconstruir. Era capaz de tirar alguma coisa do nada. Alugou uma casa, mesmo estando em dificuldades financeiras, e dentro dela conseguia fazer do aparentemente imprestável, uma coisa útil ou decorativa. Em suas mãos, o que tinha aspecto de abandono tranformava-se em pouco tempo numa coisa viva e acolhedora. Sua falta de dinheiro era compensada pela criatividade e bom gosto.

Era generoso. Dava-me inteira dedicação e preocupava-se com todos os aspectos da minha vida, principalmente o profissional. E eu me sentia amparada.

Depois de algum tempo de convívio, constatei a contragosto que o que realmente eu apreciava nele era o "companheiro" e não o "homem". A princípio julguei querê-lo totalmente, sugestionada talvez pela fama que o envolvia de ter tido as mais belas e famosas mulheres. Verifiquei também que na mesma medida que o queria como pai, protetor e companheiro, ele me queria como mulher. O fato de não poder corresponder ao tipo de amor que o faria feliz estava começando a me sufocar de remorsos. A transferência da peça para um teatro do Rio, depois de seis meses de sucesso em São Paulo, veio a calhar como um remédio. Achava que o tempo e a distância se encarregariam de transformar nossa relação, ou extingui-la.

XXXII

Apesar dessa força querer me anular eu a combatia com as armas de que dispunha.

Forçava-me, por exemplo, a comparecer a festas, reuniões, coquetéis, para os quais era convidada, mesmo sabendo que não iria me adaptar e muito menos me divertir. Ia, mas ficava num canto, como espectadora assistindo as pessoas se movimentarem feito personagens num palco. O mais irritante é que sempre aparecia alguém para me perguntar por que estava calada ou triste. Meu primeiro ímpeto era mandar essas pessoas à merda, por não respeitarem minha vontade de ficar só. Mas continha-me. Assumia, em compensação, uma atitude de tal distância que qualquer um era impelido a sair logo de perto. Eu mesma me censurava por comparecer a lugares assim quando sabia que o resultado seria sempre o mesmo. Mas era uma tentativa.

Num dos inúmeros coquetéis que o Sr. Harry Stone, representante do cinema americano, oferecia toda vez que alguma celebridade de seu cinema visitava o Brasil, vi alguém se encaminhando em minha direção. Era Miro Cerni, ator e galã de grande sucesso em vários filmes da Vera Cruz.

Conhecia-o apenas da tela e de ligeira apresentação. Quando o vi aproximar-se me preparei para ouvir a pergunta habitual, mas ele se manifestou de outra forma:

— Tenho observado você em vários lugares. Você é igualzinha a como eu era antes.

Olhei-o desconfiada e ele continuou:

— Nem precisa dizer o que está se passando dentro da tua cabeça neste momento que eu sei. Até essa reação que você está tendo agora é igual a que eu tinha quando alguém vinha falar comigo.

— E agora, você não é mais assim?

— Melhorei. Agora tolero, pelo menos não me afeta nem me martirizo por dentro como você deve estar se martirizando.

— E como é que você conseguiu mudar?

— Fazendo psicanálise. Quer dizer, eu não fui fazer psicanálise porque tinha dificuldade em me relacionar em coquetéis, como você. Isso é apenas um reflexo pequeno de problemas maiores que você deve ter. Há muito tempo que eu estava querendo dizer que você precisa se tratar. Mas só hoje criei coragem. Estive te observando de longe e achei que era um dever te dizer. Eu já passei por isso e sei como é difícil sair.

Miro, para me ajudar a me fazer entender o processo do meu problema, contou detalhes de suas perturbações anteriores, todas idênticas às minhas. Parecia incrível, mas era a primeira vez que alguém reconhecia a natureza do meu sofrimento, e justamente um desconhecido.

Antes de se afastar de mim, ele tornou a recomendar:

— Pense no que te falei. Não deixe de se tratar. Pode ter certeza de que é a única coisa que vai te ajudar, embora você ainda não acredite. Quando resolver me telefone que te indico ao meu analista; é um dos mais eficientes que há no Rio. Aqui está meu cartão. *Ciáo.*

— *Ciáo*, obrigada.

Ao voltar para casa, antes de dormir, fiquei refletindo sobre o que Miro me tinha dito.

"Será mesmo possível que a tal da psicanálise possa melhorar, ou diminuir o sofrimento de alguém? Então essa força psíquica que me dominava e que eu não sabia o que era se chama *neurose*? Então eu não sou a única a sofrer desse mal? Ele ataca outros indivíduos também? Como Miro? Mas como ele pode ter tido problemas se tem tudo? É jovem, bonito, talentoso e saudável! Meu Deus, estou julgando-o da mesma forma que outros me julgam. Como é imperceptível uma perturbação mental para quem não a tem. Se até eu mesma custo a crer que ele a tenha tido, mesmo tendo-a confessado. Com toda a minha incredulidade é impossível duvidar da honestidade de Miro.

"Ele jamais se acercou de mim por qualquer outro motivo. Se fez isso deve ter sido mesmo por um sentimento humanitário. É possível que um estranho tenha a capacidade de me compreender e até orientar, coisa que os mais íntimos, que experimentam no dia-a-dia os efeitos da minha neurose, não conseguem? Sim, porque ele conhece a *causa* do meu comportamento, por experiência própria, os outros apenas o estranham. Talvez um dia eu acabe seguindo seu conselho. Mas é bobagem, eu não acredito em nada disso."

Dormi mais consolada. Havia uma vaga luz a distância, ainda que eu duvidasse que a mim ela pudesse orientar, pelo nevoeiro intenso que me cercava.

Ter conhecimento, finalmente, de que o que se passava comigo não era uma coisa sobrenatural, mas um distúrbio mental que constava dos anais das doenças nervosas, não adiantou em nada para mudar meu comportamento daí em diante.

"É preciso se tratar, só isso vai te ajudar, embora você ainda não acredite."

Mas adiava sempre essa hora. Até que um dia resolvi tentar.

Antes, porém, impus um teste definitivo para comigo mesma: "Talvez essa teia abstrata que me aprisiona e me impede de viver normalmente não passe de uma cisma sem nenhum fundamento. Se eu tiver a coragem de, ao menos uma vez, desafiar esse caçador que me persegue, enfrentando-o de cara, ao invés de fugir, talvez eu possa comprovar sua inexistência e que tudo não passa de um blefe."

Resolvi, pois, desafiar o caçador, expondo-me. Isto é, *vivendo*, em lugar de *esconder-me, anular-me* ou *isolar-me*, mesmo sentindo que nesse dia ele não dormia, mas me seguia sob sua mira. Ele não me abateu no ato como eu imaginava. Mas manifestou sua existência de outra forma.

À noite, durante o espetáculo, o texto que eu repetia há sete meses sem parar se desvaneceu por completo da minha memória na hora em que pisei no palco. Não havia nada que me fizesse lembrar uma palavra que fosse. O teatro permaneceu alguns minutos em silêncio. Não sabia o que fazer. E como o silêncio se tornou insuportável, um colega, mudando sua marcação, se aproximou disfarçadamente de mim, assoprando baixinho a primeira frase, com a qual pude reconstruir o resto, automaticamente, sem conseguir atinar com o sentido do que dizia.

Saí do palco atônita. Estava mais do que comprovado que havia dentro de mim uma força maior do que a minha razão, que comandava minha ação. Só então resolvi apelar para a alternativa que Miro tinha me sugerido, mesmo porque não conhecia outra.

Mas só depois de muita luta comigo mesma foi que consegui telefonar para o consultório do Dr. Ivan Ribeiro, já informado por Miro de que eu iria procurá-lo, marcando uma consulta com sua secretária.

Na sala de espera, antes de ser atendida, passava por minha cabeça todo tipo de conjecturas:

"É crendice pensar que alguém possa me ajudar. Se eu mesma que me conheço tanto não consigo, como poderá um estranho fazê-lo? E depois, vou driblá-lo da mesma forma que driblo os outros, e como os outros ele jamais ficará sabendo como sou por dentro. Não conhecerá nada além do que eu permita que seja conhecido. Se quiser saber alguma coisa mais, eu o afastarei da mesma forma que afasto os outros. Mas então, se é assim, por que vim até aqui? Curiosidade. Se pensa que sou um cliente comum, está enganado. Comigo não vai conseguir nada."

O Dr. Ivan abriu a porta de sua sala e me fez entrar. Não tinha nada de extra-humano como eu imaginava que um analista teria. Tratou-me normalmente e adiantou que aquela era apenas uma entrevista preliminar para ver se seria necessário uma análise.

Enquanto ele falava eu ficava atenta para descobrir como é que aquilo funcionava. Desde que tinha começado a pensar em psicanálise imaginava que o consultório de um analista fosse algo como um laboratório de pesquisas científicas, com aparelhos e gases misteriosos, e que o analista teria o mesmo ar terrível daqueles cientistas que apareciam no cinema.

Mas não havia nada disso. Simplesmente o Dr. Ivan estava sentado numa cadeira em frente à minha, como um ser comum, me fazendo perguntas de uma objetividade tão direta e contundente que com toda a minha má vontade tive que reconhecer que estava diante de uma pessoa segura, madura, cuja clareza não dava margem a falsos rodeios ou a pieguices. "Parece que com esse cara vou ter que lutar de igual para igual", pensei.

Ao fim de algumas indagações, disse que não estava conseguindo me relacionar normalmente com as pessoas e muito menos com as que eu mais queria. E que, ultimamente, só estava me interessando amorosamente por situações difíceis ou impossíveis, como a de estar apaixonada por um homossexual e também por um homem casado que meus princípios punham fora de cogitação, por ser eu amiga de sua mulher. Os que me queriam ou estivessem ao meu alcance, eu desprezava.

O início da análise foi marcado para a semana seguinte. Cinco sessões por semana.

Nas sessões, era difícil eu confessar alguma coisa, e quando o fazia, por mais insignificante que fosse, procurava sempre esconder meu verdadeiro sentimento com relação a ela.

A única coisa que revelei sem nenhuma preocupação de ocultar, disfarçar ou filtrar o sentido, foram os dois pesadelos que me perseguiam há mais de um ano, mesmo assim porque achava que sonhos não queriam dizer nada, que eram apenas sonhos.

Sonhava constantemente que estava numa praia e que, ao tocar os pés no mar, suas águas começavam a puxar para formar uma onda gigantesca, imensurável, do tamanho do próprio mundo para estourar sobre mim, que mal sabia nadar. Eu fugia então em pânico, sem jamais me arriscar a olhar para trás, acordando sempre agoniada durante a fuga.

No outro pesadelo apareciam cobras de todas as espécies, tamanhos e formas. Quando sonhava com elas, acordava nauseada, porque serpentes me provocavam pavor e asco. Não conseguia olhar para uma nem sequer em fotografias de revistas.

Depois de algumas sessões o Dr. Ivan me fez ver que o mar representava, em meus sonhos, a vida, e que eu me sentia ameaçada por ela. Entrar nela significava para mim, provocá-la a ponto de ela me devorar, como as ondas gigantescas. Quanto às serpentes tinha que observar por mais tempo o que significavam em profundidade, mas aparentemente tratavam-se de símbolos fálicos ligado a tabus sexuais.

Embora eu não acreditasse ainda em psicanálise, tive que admitir que o que ele me dizia era coerente. Pelo menos quanto às ondas do mar.

No que se referia às serpentes, não chegava sequer a considerar, pois estava fora de minha cogitação falar com ele, como com qualquer outra pessoa, sobre assuntos relativos ao sexo. Não só por achar absurdo devassar minha intimidade, como também por me julgar sem nenhum problema com relação a ele, já que era tão desejada pelos homens e causava tanto prazer a eles. A única segurança que eu tinha em mim mesma era a de ser boa fêmea. Os homens me davam prova constante disso.

Quanto ao problema de culpa que ainda tinha, também não iria tocar nele. Já o encarava como natural, desde que me haviam ensinado como primeira advertência na vida que sexo era uma coisa proibida, maldita, quando praticado fora do casamento, e que ter prazer com ele era vergonhoso e incompatível com a dignidade da mulher.

Não contaria tampouco o sonho terrível que tive com relação ao sexo, logo em seguida à morte de meu pai:

Num dia em que sentia muito sua falta, voltei até à pensão, esperando que, revendo o lugar em que tinha convivido com ele, sentisse um pouco da sua presença protetora.

Recostada num sofá, acabei adormecendo.

Sonhei então que estava dentro de uma catedral imensa, grandiosa. Os fachos de luz filtrados pelos enormes vitrais refletiam em seu interior zonas de densidades e transparências. Tudo parecia difuso pela variação desses reflexos e pela fumaça tênue que emanava de um incenso invisível.

Esse ambiente sagrado parecia estar intimamente ligado à minha existência e a de meu pai.

E, absorvendo essa atmosfera de dignidade e respeito, me vi de repente, num banco da própria catedral, sendo possuída por ele.

Seu sexo parecia uma coisa poderosa, grande e agradável penetrando dentro de mim.

Foi essa a única vez que consegui atingir o orgasmo apenas com a penetração do sexo masculino. Eu já conhecia o orgasmo mas jamais o conseguia por essa forma, tida como a natural.

Quando acordei fiquei tomada de enjôo e nojo. Sentiame abjeta por ter tido esse sonho. Era tão medonho que enterrei-o na memória, como um ponto escuro, no qual evitava de pensar, para não me repugnar.

Só desenterrei-o uns sete anos depois, já quase ao fim da análise — foi o último ponto tocado nela — sem saber o quanto ele significava para a elucidação da culpa e das fantasias pervertidas e abjetas a que era obrigada a recorrer para atingir o orgasmo.

Quanto ao Dr. Ivan, mesmo tendo comprovado que ele tinha uma capacidade especial de equacionar certos comportamentos que sozinha não teria conseguido enxergar, era difícil vencer minha relutância toda vez que tinha que comparecer ao seu consultório.

Eu sentia que ele tinha as rédeas firmes em suas mãos, e que, com ele, eu não conseguia dirigir meus cavalos para onde me convinha. Ele não caía em nenhum de meus embustes. E quanto mais eu percebia que não podia controlá-lo, mais difícil se tornava comparecer ao consultório no dia seguinte.

Eu ia, mas muitas vezes me entregava a um estado de semi-sonolência. Depois dessa manifestação, passei a faltar algumas vezes e outras a chegar atrasada, no meio da sessão, embora estivesse por perto e sem nada que fazer.

Eu vivia quebrando a cabeça sozinha para descobrir um meio de diminuir minha angústia, mas me negava a aceitar ajuda.

XXXIII

No Rio, uma parte do elenco foi mudada, e no lugar de Walmor Chagas e Cleyde Yaconis entraram Paulo Autran e Tônia Carrero.

As pessoas no Rio, em geral, eram mais humanas, calorosas e comunicativas. Isso facilitava até certo ponto meu relacionamento com elas. Mas não era suficiente para impedir que meu mecanismo psíquico continuasse a se manifestar com a mesma ou maior intensidade.

A sensação de não poder ser "aceita" por meus colegas fora do âmbito do trabalho continuava. Sendo que, no Rio, o problema da solidão se agravava por não conhecer ninguém mais além deles. Havia dias porém em que eu conseguia sair com eles e me sentia absolutamente *normal*, como se uma outra pessoa tivesse tomado conta de mim.

Ficava feliz quando isso acontecia porque, além de me agradarem, como gente, me proporcionavam o conhecimento de novas pessoas, novos ambientes, novas situações, novos sistemas de vida e comportamentos. Conhecia pessoas maravilhosas como Vinicius de Moraes, Antônio Carlos Jobim, Fernando Sabino, Sérgio Porto, Antônio Maria. No

Rio parecia existir uma maleabilidade, uma flexibilidade nas coisas e nas pessoas, em contraste com a rigidez de São Paulo.

Sérgio Porto e Antônio Maria, por exemplo, que eram dois galanteadores em potencial, jamais me hostilizaram em suas colunas por eu me manter à distância deles. Referiam-se ao meu físico sem deixar de me respeitar como pessoa. Tom Jobim, conheci numa noite em que Tônia e Celi me levaram, depois do espetáculo, até seu apartamento na Rua Nascimento e Silva. Era um jovem belo, ainda desconhecido, que fazia o coração de qualquer pessoa balançar de admiração quando o via debruçado sobre o piano, com o cabelo caindo pela testa. Sua sensibilidade era perceptível nos menores gestos. Era um ser absolutamente original. Expressava-se através de um vocabulário abstrato, poético, todo seu. Fora de sua casa, via-o várias vezes no bar do Plaza ou no Jirau, onde ele costumava dar "canja" ao piano, de madrugada, quando o número de freqüentadores diminuía.

Vinicius de Moraes, conheci numa festa em sua casa, num dia em que chegava da Europa, depois de ter exercido um cargo diplomático. Com toda a importância que lhe davam me tratou logo com carinho, passando a me chamar pelo diminutivo do meu nome. Sua amizade me fez conhecer uma nova dimensão da generosidade e despojamento do ser humano.

Não quero cometer injustiças. Pode ser que em São Paulo também existisse gente assim. Mas se existia, não foi possível me achegar a ela.

Minhas incursões por entre essas pessoas e ambientes me animavam porque me davam a perspectiva de que havia um outro tipo de mundo, aceitável de viver. Mas não conseguia fazer parte dele pelo tempo que desejava, porque logo o problema psíquico se interpunha, fazendo-me sentir a *mais* ou *estar usufruindo de uma quota de felicidade à qual não tinha direito*, obrigando-me assim a isolar-me. Era como se duas pessoas vivessem se alternando dentro de mim, sendo que a última predominava a maior parte do tempo.

Refugiava-me então no meu pequeno conjugado de Copacabana e lá ficava imóvel, na cama, sentindo cada minuto passar com a lentidão de uma eternidade.

Para fugir à sensação angustiante, de sentir meu tempo escoar, minuto por minuto, sem estar sendo vivido, procurava desviar minha atenção atendo-a a qualquer coisa à minha frente, como sobre o espelho que havia pendurado sobre a cômoda.

Mas era inútil. Até aquele simples objeto tinha o poder de me arrastar para a angústia: olhando-o, me abismava no fenômeno de sua existência, imaginando quanto tempo, quantas gerações, quanta procura, quanta apuração, quanto desgaste humano tinham sido necessários até que ele se transformasse naquele objeto, com aquela forma na minha frente. Aos poucos, começava a sentir o espelho como uma "entidade viva" ali presente. E temia que de sua superfície surgisse algo terrível para me assombrar.

Essa alucinação fazia meu coração disparar, e eu, levantando-me num salto, acendia todas as luzes do quarto, banheiro, terraço, cozinha, além da de cabeceira que ficava acesa, mesmo durante meu sono, pois não conseguia dormir no escuro.

Afugentados os fantasmas pela estridência da luz, ia até à janela respirar e, do décimo andar, via, surpresa, que um outro mundo existia lá fora. A rua continuava lá embaixo, com luzes de gás néon, pessoas aglomeradas nas portas dos bares e boates, outras transitando pela calçada. Todas vivas, todas em movimento. Ah, como eu gostaria de fazer parte delas! Como não conseguia, tomava mais tranqüilizantes.

Voltava para a cama e, esperando o efeito do barbitúrico, tentava me alienar de mim mesma, me atendo outra vez a qualquer objeto à minha frente, como a uma bolsa sobre a cadeira. Mas, como o espelho, após fixá-la por algum tempo, começava a sofrer o mesmo tipo de alucinação. Suas alças ameaçavam mover-se sozinhas diante de meus olhos e, aterrada por essa possibilidade, levantava de novo com o coração acelerado, trancando, desta vez, a chave, todas as portas, mesmo que fossem só de comunicação interna, de armários, e as gavetas. Tinha a sensação de que de qualquer fresta poderia surgir essa coisa *assombradora.*

Em noites como essa, que não eram poucas, só conseguia pegar no sono quando me sentia protegida pela luz do dia.

Um dia em que estava recostada no divã de meu camarim, um colega que passou pela minha porta em direção ao palco recuou uns passos para me dizer:

— Sabe que teu físico não tem nada a ver com você? Parece que teu espírito encarnou em corpo errado, porque pela aparência você deveria ser eufórica.

E seguiu logo, antes que se atrasasse para a cena.

Fiquei refletindo sobre o que ele tinha pretendido dizer: que eu não fazia uso de mim mesma.

Mas, como explicar-lhe, por exemplo, que me mantinha à sua distância, mas que, na "fantasia", ele fazia parte constante da minha intimidade amorosa e sexual? Como explicar a mim mesma que, quando a outra pessoa, a *normal,* tomava conta de mim, eu não conseguia detê-la pelo tempo que queria, mas só pelo tempo em que ela própria decidisse ficar?

Eu vivia como que perseguida por um caçador invisível. Não sabia qual sua forma, nem sua fisionomia. Sabia apenas que ele podia aparecer, em qualquer lugar e a qualquer momento, para me perseguir e caçar. Meu tempo de *normalidade* era como que uma conseqüência da fadiga desse caçador... Quando ele dormia, eu ficava livre para viver normalmente, mas sempre sob o risco de ele acordar, a qualquer momento, e voltar a me perseguir até que eu capitulasse, pelo medo ou cansaço, e tornasse a me esconder, me isolando.

Lembro de uma ocasião em que um sono pesado do caçador permitiu que eu vivesse livre por um tempo maior do que o comum. A sensação de felicidade foi tão grande que jamais pude esquecer. Foi no dia em que compareci a uma festa, junto com todos os meus colegas, entre os quais estava aquele por quem andava apaixonada.

Vesti a roupa que mais me favorecia e realçava — justamente a que menos usava — e pude ver-me como centro das atenções sem me perturbar. Atrair a atenção dos outros era uma coisa terrível para mim. Era como que fornecer pista para que o caçador também me localizasse.

Nessa noite pude existir inteira, fazendo uso de todas as minhas faculdades. Notei que algumas pessoas se espantaram com a minha transformação, mas, sendo uma festa, atribuíram-na à embriaguez. E no entanto eu não tinha bebido nada. Estava embriagada, sim, pela sensação de liberdade, de estar sendo dona de mim mesma e das minhas vontades. Tanto que consegui me comunicar com todos e até com quem, antes, era impossível, por ser justamente o homem a quem desejava. E com ele vivi nessa noite todas as cenas de amor que até então só tinha vivido na imaginação.

Na manhã seguinte, quando acordei em sua casa, e o vi me servindo café na cama, me senti tão feliz que tive vontade de eternizar aquele momento, pensando secretamente em casar com ele.

Saí de lá certa de que, tendo conseguido romper uma vez meu obstáculo psíquico e tendo vivido com ele a mais amorosa intimidade, ela se manteria assim daí em diante.

Mas não, à noite, na hora do espetáculo, o caçador já estava à espreita. A *outra* já tinha tomado conta de mim, e eu tive que esconder, sob a máscara da indiferença, a importância que aquela noite tinha tido para mim.

Não ousei tampouco averiguar se para ele também teria tido importância ou se teria representado apenas uma aventura inconseqüente.

E a relação voltou a ser, para mim, frustrante como era antes: cheia de climas promissores, mas sem resolução.

XXXIV

Henry apareceu no Rio, de surpresa, e eu não escondi minha contrariedade ao vê-lo. É que nesse período já tinha me decidido a prescindir de sua proteção para me ver livre dos problemas de consciência que ela me acarretava.

Mesmo assim, ele realizou seu objetivo, que era o de me convencer a voltar para São Paulo, argumentando que eu devia solidificar minha carreira teatral, fazendo um dos personagens de *A casa de Bernarda Alba*, de García Lorca, que ia começar a ser ensaiada com Maria Della Costa, em seu teatro. Ele próprio tinha sugerido meu nome e aguardavam apenas minha resposta.

Relutei em aceitar a idéia, porque preferia ficar no Rio. Mas quando considerei que *Santa Marta Fabril S.A.* estava no fim da carreira e não tinha nenhum outro trabalho em perspectiva, acabei aceitando a proposta de Henry e voltei a São Paulo.

Quando compareci ao Teatro Maria Della Costa todos já estavam ensaiando, esperando apenas por mim para completar o elenco. Logo após meu primeiro contato com esse novo elenco, Henry me fez uma observação:

— Você precisa mudar seu modo de tratar as pessoas. Alguns atores comentaram teu ar superior, desumano. Pensam até que você tem alguma coisa contra eles.

— Você está cansado de saber que não tenho nada contra ninguém, só tenho contra mim mesma. O que fazer se é essa a impressão que causo aos outros?

— Eu sei. Eu canso de explicar às pessoas que você não é nada do que *aparenta*, que você é justamente o contrário. Mas sem te conhecerem na intimidade, como é que vão acreditar nisso? Faz força para não ser tão fechada ao menos.

— Eu não vou fingir para parecer simpática. Acho mais honesto ser como sou. Senão, estaria sendo hipócrita. Quando me conhecerem melhor, vão ver que não sou nada do que pensam.

— Estou falando isso só para facilitar tua vida, porque você está ficando cada vez pior nesse sentido. Acho que isso pode acabar prejudicando até tua carreira.

— Minha carreira depende do que dou no palco e não fora dele.

— Mas teu comportamento pode afastar alguém que queira te dar alguma boa oportunidade.

Eu sabia que meu comportamento se agravava e afastava cada vez mais as pessoas de mim. Mas não conseguia deixar de me defender dessa forma.

Quanto a Henry, eu continuava a relutar contra o aspecto conjugal que ele pretendia dar à nossa relação. Mas, ao mesmo tempo não era fácil prescindir dele, pelo muito que dava de amparo e compreensão e pelo empenho que fazia para me manter junto dele. Eu sabia que tinha me posto nessa peça não só para ajudar minha carreira, mas, muito mais, para me ter ao seu lado.

As pessoas que percebiam minha frieza em contraste com sua dedicação olhavam-me como uma oportunista, que o usava para fazer carreira. E eu preferia arcar com qualquer julgamento, por pior que fosse, a ter que expor minha intimidade.

Mas o resultado positivo do meu trabalho profissional continuava a compensar minhas falhas fora dele. Talvez por isso me entregasse a ele com tanto empenho.

Meu trabalho no personagem "Madalena" de García Lorca também foi bem recebido tanto pela crítica quanto pelo público. Eu continuava a não entender como é que eu era cada vez mais respeitada e prestigiada, quando por dentro me sentia cada vez mais reles. Muitas vezes, quando via fotos minhas em revistas, tinha a sensação de que estava sendo uma impostora.

Lembrava-me então do Dr. Ivan.

Não procurei em São Paulo o analista que ele havia me indicado. Numa carta que me enviou, havia uma frase que se fixara em mim: "não se iluda esperando que os seus problemas se resolvam espontaneamente".

Era justamente isso que eu esperava.

XXXV

No período em que eu representava *A casa de Bernarda Alba* minha angústia aumentou vertiginosamente. Tudo o que eu pensava estar enterrado para sempre dentro de mim começou a vir à tona novamente, sem parar.

Não sei se isso era uma conseqüência natural ou se era resultado do recurso que eu tinha de usar para viver meu personagem, que exigia o máximo de dramaticidade. Todas as noites, antes de entrar em cena, me isolava num canto da coxia, me concentrando em trechos dolorosos do passado, até criar o estado de comoção necessário para fazer meu personagem a contento.

Quando entrava em cena, não eram as mágoas de "Madalena" que eu chorava, mas as minhas próprias. Quando certas lembranças se esgotavam e não conseguia mais, através delas, o estado ideal de comoção, apelava para o recurso infalível: o suicídio de meu pai.

Essa revivência diária me obcecou de tal forma que, um dia, antes do espetáculo, senti uma necessidade inadiável de rever todos os lugares em que tinha vivido e aos quais jamais tinha voltado. Precisava ver se tudo continuava a existir, ou se teria se desfeito no tempo. Peguei o velho carro de Henry e saí em disparada.

Na primeira esquina, uma das calotas escapou ao se chocar com o meio-fio. O barulho que ela fez me alertou para o perigo de estar manejando um carro sem o conhecer direito. Mas nenhum perigo era mais capaz de me deter. Procurei fazer o mesmo percurso que fazia no tempo em que voltava de ônibus, do escritório para casa.

No início do trajeto, a transformação das avenidas e ruas me confundia e dificultava minha orientação: arranha-céus tinham sido levantados, esquinas tinham sido derrubadas, ruas tinham sido alargadas, avenidas tinham sido asfaltadas.

À medida que fui penetrando no bairro, as ruas começaram a apresentar o mesmo aspecto de antes, como se o progresso ainda não tivesse chegado até lá. Ao tomar a rua central do bairro reconheci logo o grupo escolar e a escola de comércio em que havia estudado.

Entrei na rua onde eu supunha se situar a fábrica em que meu pai trabalhara. Não estava certa de que seria aquela. Ao chegar ao fim dela, reconheci com dificuldade o edifício da fábrica. Estranhei que aquele edifício, que quando em criança me parecia gigantesco, parecesse agora insignificante. Isso me desencantou. Preferia que ele correspondesse à imagem antiga, porque a atual diminuía, de certa forma, a importância do meu pai. Parei diante de sua fachada, escura e abandonada àquela hora. Era ali que, numa época, eu vinha lhe trazer o almoço e me embevecia com sua presença.

Procurei depois localizar a pequena casa que ficava no fundo de um quintal, onde tínhamos morado, quando me trouxe para viver ao seu lado, na cidade. Escondida dentro do carro, do outro lado da calçada, relembrei a sensação de felicidade que tinha provado lá por um curto período, logo interrompido pelo constrangimento que meu crescimento provocou, por estarmos vivendo lá, sozinhos, ele e eu, como um casal.

Pus o carro outra vez em movimento até encontrar a praça onde ficava a igreja que eu freqüentava. Parando num canto escurecido pela sombra de uma árvore, fiquei observando-a.

Era ali que assistia à missa, me confessava, comungava, seguia procissões. Foi ali que, ainda menina, ao me confessar numa tarde, senti a mão do padre pousar estranhamente sobre o meu joelho e, assustada, não soube o que fazer. Apenas baixei os olhos enrubescida.

Era ali que eu me esforçava para seguir os ensinamentos religiosos que me impunham. Ensinamentos que só exigiam sacrifícios e ofereciam em troca ameaças e punições. Muitas vezes me detinha contemplando as imagens de Cristo e Nossa Senhora, e não entendia como, tendo aparência tão doce, pudessem reagir como tiranos a qualquer vontade natural que não constasse das permitidas pelo catecismo. Mas afastava logo minhas dúvidas temendo castigos maiores.

Parada dentro do carro, na praça, quando considerei que o que estava procurando era meu pai e que naquele momento ele não passava de um punhado de ossos já metidos numa gaveta para desocupar espaço, desatei a chorar.

Eu tinha conseguido um mundo melhor que o seu, mas não conseguia viver nele sem sofrer. E voltei a me indagar tudo quanto me perguntava, cada vez que relembrava sua morte: "se tivesse me contentado com o que tinha, continuado com ele naquele bairro, teria evitado o suicídio? Estaria mentindo quando dizia achar justa minha ambição de melhorar de vida?"

Chorei até me aliviar. Enxuguei as lágrimas e tomei o caminho da pensão.

Lá estava a farmácia, mais adiante, na esquina, o botequim. Foi diante dele que presenciei a primeira cena de sangue. No momento exato em que passava, voltando da missa com meu pai, vi um homem sacar de um punhal e enterrá-lo várias vezes seguidas nas costas da mulher e fugindo como um raio, enquanto ela, encharcada de sangue, rolou no chão. No tumulto que se formou, meu pai me puxou pela mão, e, impedindo-me de olhar para trás, me fez entrar em casa. Lá dentro fiquei lívida, com uma sensação horrível na boca do estômago. Não sabia até então que as pessoas podiam se matar umas às outras.

Logo depois do botequim, estava a pensão. Meu coração pulsou mais forte ao vê-la. Havia luz dentro dela. "Estariam as mesmas pessoas vivendo lá? Talvez. Ou então continuações delas."

Pensei na distância que me separava agora daquela casa. Receei que algum morador pudesse chegar, de surpresa, e me visse, do outro lado da rua, dentro do carro. Seria insuportável que alguém me reconhecesse e viesse falar comigo. Engrenei o carro e voltei em direção ao teatro. Faltavam poucos minutos para começar o espetáculo quando cheguei.

As colegas que ocupavam o mesmo camarim que eu se voltaram para mim com olhares inquiridores. Tive então um acesso de raiva tão grande que apanhei um pote enorme de creme à minha frente e espatifei-o contra a parede. Era a primeira vez que eu praticava um gesto violento, embora estivesse sempre à beira de fazê-lo. Surpresas, elas voltaram o rosto para o espelho e continuaram a se maquilar sem se arriscarem a olhar mais para mim.

Era isso que eu pretendia sempre. Estar fora de observação.

XXXVI

Uma nova peça ia começar a ser ensaiada no T.M.D.C. para entrar em cartaz quando *A casa de Bernarda Alba* terminasse sua carreira. Era mais uma peça de Abílio P. de Almeida: *Moral em concordata.*

Não sei se por minhas próprias qualidades ou se pela influência de Henry — como ele deu a entender — fui escolhida para ser co-protagonista da peça junto com Maria Della Costa. Os dois papéis femininos eram de igual importância e tamanho, cabendo a ela escolher o que preferisse. Embora nesse tempo ela já tivesse declarado estar "cansada de ser bela", escolheu o papel que lhe dava oportunidade para explorar também sua inegável beleza física.

Sendo o trabalho de maior responsabilidade que me caía nas mãos, empreguei todo o meu tempo na sua elaboração. Incapacitada de usar minha energia e vitalidade na minha própria existência, aplicava-as na do personagem. Talvez por isso me tenha sido fácil criá-lo.

Renine, diretor da peça, que já me havia dirigido na anterior, não mexia praticamente em nada do que eu apresentava espontaneamente, baseada na minha própria intuição e sensibilidade.

Nas cenas de violência que tinha com o personagem interpretado por Jardel Filho entregava-me sem o menor receio de ser machucada. E, com toda a brutalidade com que era atirada de um lado para o outro do palco, contra o chão e os móveis, jamais sofri um arranhão. Saía das quedas ilesa como um felino. E no entanto o que me fazia deixar ser lançada no espaço sem a menor precaução era o desejo inconsciente de ser acidentada e fugir assim à responsabilidade de suportar a mim mesma.

O homem que mais me atraía, então, era Renine: alto, seco, tenso. Renine não era belo no sentido convencional mas era muito mais do que isso pelo magnetismo que sua personalidade criava. Intrigava-me a paixão que ele tinha por uma mulher casada com quem mantinha relações secretas, ignorando qualquer outra ao seu redor.

Como diretor, era de um rigor absoluto. Qualquer ator, por mais experiente que fosse, se sentia atemorizado por sua presença, como uma criança na sala de aula, se perturbasse o silêncio. Sua seriedade instigava minha curiosidade de saber como seria fora daquele ambiente. Olhava seu semblante sério e ficava imaginando a forma em que se transformaria, no momento da paixão, do gozo. E namorava mentalmente essa imagem.

Nos ensaios não conseguia desviar minha atenção desse homem dinâmico, decidido, auto-suficiente, autoritário, que parecia movido a eletricidade. Saltava da altura do palco para a platéia, de um cenário para outro, como um gato. A agilidade de seus movimentos, a expressividade de suas mãos, tudo nele me mantinha sob uma constante fantasia, de inesgotáveis sutilezas eróticas.

O domínio com que Renine dirigia o espetáculo, envolvendo-se com igual conhecimento na cenografia, na iluminação, no som e nos figurinos, causava admiração e me instigava a fazer meu trabalho com a mesma garra. Na estréia da peça provei, com espanto, a experiência de ser aplaudida em cena aberta e ovacionada no final do espetáculo. Pela crítica em geral e pela reação do público que lotava diariamente o teatro, senti que estava definitivamente aprovada como atriz.

Quanto a Renine, só na noite de estréia, quando me abraçou no final do espetáculo, foi que pude comprovar que seu contato físico correspondia ao grau da atração cerebral que tinha por ele.

Sabia, no entanto, que nossa relação jamais passaria do plano mental, não só pela dificuldade de me aproximar de quem desejasse, como também por uma questão de ética. Henry era seu amigo e eu não queria machucá-lo mais do que já o fazia com minha indiferença.

Depois de vários meses de sucesso, o espetáculo foi convidado para ser apresentado em Portugal. Vendo meu entusiasmo em viajar pela primeira vez para o exterior, Henry acelerou e concretizou em tempo seu sonhado projeto cinematográfico, que me incluía como atriz principal, induzindo-me assim a ficar.

Um filme importante era mais compensador do que uma peça que já havia me proporcionado todos os benefícios possíveis e que já começava a me entediar pela rotina. Além disso, eu preferia o cinema porque me poupava do desgaste emocional a que era submetida diariamente para interpretar meu personagem.

Assim, a peça foi para o estrangeiro e eu segui com a equipe cinematográfica para uma locação distante, no litoral paulista, no meio do mato, ao lado de um rio. Atores e técnicos foram instalados em tendas de lona. Eu e mais uma das jovens atrizes do filme fomos instaladas num *trailer* especial.

Sendo o filme feito exclusivamente de cenas externas, nos dias de chuva tínhamos que ficar abrigados nas tendas até que o sol se dispusesse a voltar. Éramos despertados, diariamente, às 5:30, para iniciar a preparação da filmagem.

Todos dormiam cedo no acampamento, menos eu. Ficava conversando com Leonora, minha companheira de *trailer*, o máximo de tempo possível para mantê-la acordada, mas logo ela pegava no sono e eu mergulhava no mais terrível medo da solidão.

Com o lampião aceso, ficava deitada, de olhos abertos, perscrutando os rumores da noite, imaginando que o mato, os bichos e as sombras lá fora estariam guardando todos os mistérios que me assombravam. O menor ruído me apavorava. Nem os barbitúricos, nem o cansaço físico provocado pela dificuldade do filme me faziam dormir antes da madrugada.

Leonora namorava um dos atores. Certa noite, em que os vi abraçados à minha frente, tive uma sensação de exclusão tão forte que, não conseguindo suportá-la, saí de perto e comecei a correr desatinada pelo mato no meio da escuridão. Uma árvore, vista contra nuvens escuras, manchadas de clarões da lua, me transmitiu uma sensação de presságio e me fez parar.

Ali, longe de todos, pude soluçar a todo volume. Invoquei meu pai, indagando por que é que eu vivia tão angustiada e insatisfeita, e por que tinha explodido de dor ao presenciar uma cena de amor da qual estava excluída.

Em altos brados, pedi que me fosse dado algum sinal como resposta. Mas a noite continuava indiferente ao meu apelo. Jurei então, a mim mesma, como uma criança, que me vingaria da exclusão, fazendo meu personagem com tal perfeição que os outros é que seriam excluídos da admiração do público. Fiquei depois vagando até que meus olhos desinchassem e eu pudesse voltar sem que percebessem que eu havia chorado.

Cheguei à cabana aliviada. Leonora ainda conversava com seu namorado e Cláudio, um jovem que fazia estágio junto à equipe de direção. Estirei-me na cama e fiz o possível para me integrar na realidade circundante, porque eu vivia sempre longe do lugar onde me encontrava.

Foi só então que vi Cláudio. Sentado à beira da minha cama, vi seu perfil desenhado em silhueta contra a luz mortiça do lampião.

> "A frouxa luz da alabastrina lâmpada
> Lambe voluptuosa os teus contornos...
> Deixa-me aquecer teus pés divinos
> Ao doido afago de meus lábios mornos."

Castro Alves. Desde que lera sua primeira poesia, sonhava em ser amada por um homem como ele. A "frouxa luz", como ao meu poeta tinha a magia de me enlanguecer, e me predispor à sensualidade.

Era inacreditável que, estando Cláudio presente desde o início da filmagem, só nesse momento eu tivesse olhos para ver seu porte magnífico, seus cabelos longos e lisos, seus olhos grandes e claros, sua boca insinuante. Num momento em que ele se inclinou junto a mim para apagar seu cigarro no cinzeiro que estava à minha cabeceira, o cheiro da sua respiração chegou até minhas narinas e fez minhas entranhas latejarem de desejo. A partir de então passei a observá-lo, como num visor, estudando-o em todos os ângulos, posições e detalhes.

Numa manhã em que o vi distraído, descendo ágil a rampa do rio, vestindo um *blue-jeans* surrado e uma camisa preta semi-aberta no peito, com os cabelos açoitados pelo vento, ele me pareceu definitivo. Apesar dos ligeiros contatos epidérmicos que tínhamos sempre que nos juntávamos para conversar com atores e técnicos, não me atrevia a pensar na concretização do nosso desejo. Sobretudo porque no acampamento as pessoas tinham controle umas sobre as outras, e eu me sentia no dever de respeitar Henry, pois a maioria me supunha sua mulher. Não contrariar esse conceito, que eu sabia lhe agradava, era a forma de recompensá-lo pela minha ingratidão.

Depois de um mês e meio de trabalho árduo, feito sob o sol, subindo e descendo ladeiras, caminhando no meio do mato, remando canoas de difícil equilíbrio, nos transferimos para um hotel à beira-mar onde deveriam ser feitas as cenas finais. Só então as pessoas se dispersaram e perderam o controle umas das outras.

Cláudio não compareceu à hora do jantar, numa noite, porque estava doente. Fui visitá-lo depois do jantar e o encontrei cabisbaixo, silencioso. Estranhei o fato de ele não revelar claramente o que estava sentindo. Num certo momento, vi um lenço em sua mão, com manchas de sangue. Perguntei-lhe qual era a razão do sangue, já que não tinha sofrido nenhum ferimento.

Sua hesitação em explicar-me e sua reserva em dizer o que sentia me fez supor que estaria escondendo alguma doença grave. Insisti mais uma vez, mas ele fugiu do assunto. Ficou com o olhar vago e depois de um tempo se levantou e começou a andar em direção ao mar.

Segui-o a meio passo, até que ele começou a penetrar na água, lentamente, como um sonâmbulo. Parei à beira d'água, pensando que estaria brincando e iria parar. Mas ele continuou.

Quando o vi imerso até a cintura não duvidei mais: "está querendo suicidar-se", pensei. E comecei a chamá-lo. Como ele não me atendesse, entrei também no mar para fazê-lo voltar.

Quando consegui chegar até ele, agarrei-o pela camisa e pedi pelo amor de Deus que voltasse. Mas ele continuou a aprofundar-se, enquanto eu, agarrada à sua camisa, era arrastada junto. Quando perdi o pé, entrei em pânico. Comecei a berrar que voltasse pois eu não sabia se conseguiria mais voltar sozinha.

Cláudio então me agarrou e começou a me beijar como um louco, enquanto, aos poucos, retomava a direção da praia. Dentro do mar e sobre a areia, nos amamos com desvario.

Só depois de muitos dias, quando resolvi conversar a sério com ele sobre sua doença, descobri que tudo tinha sido uma encenação para vencer minha resistência e me entregar a ele sem freios ou remorsos, a pretexto de estar salvando um suicida.

XXXVII

Quando voltei para São Paulo, depois do filme terminado, continuei a sair em companhia de Henry como antes, e no fim da noite, ao voltar para casa, Cláudio ia ao meu encontro.

Essa vida dupla me completava.

De um lado tinha um pai que me protegia — e com quem não me julgava em relação incestuosa, pois, nas poucas vezes em que me dava a ele, conseguia ausentar-me física e mentalmente — e do outro, tinha um amante que consumia toda a minha voracidade de amar.

Desde que Henry tinha começado a se reerguer profissionalmente, o número de mulheres que o procurava, e com as quais ele se relacionava, aumentava. Esse aspecto mundano do seu caráter aliviava, de certa forma, minha consciência. Supunha até que, tendo pressentido minha vida dupla, estivesse se calçando para uma ruptura.

Na noite de Natal, em que passamos a meia-noite em sua casa apenas ele, eu e um dos atores do filme, vi que estava enganada. Ele continuava preso a mim da mesma forma. Teve a preocupação de me dar de presente uma jóia de certo valor, mesmo estando ainda com problemas financeiros, devendo para isso ter tido que contrair alguma dívida. Senti-me infame ao receber o presente de suas mãos.

Mas meu constrangimento não durou mais do que alguns minutos, porque o ator, que até então estava mantendo uma discussão acirrada com ele, aproveitou para derrotá-lo com o argumento de que ele era realmente um "ingênuo" por estar dando, por exemplo, tanta consideração a alguém que não merecia, insinuando minha ligação com Cláudio durante as filmagens.

Henry empalideceu quando percebeu a insinuação e, me puxando pela mão, me levou para fora. Me fez entrar no carro parado diante de sua casa e, com a voz alterada pelo nervosismo, perguntou:

— É verdade o que ele insinuou?

— É. É verdade, sim.

— Por que você não me disse antes? Por que me deixou ser humilhado por ele?

— Achei que você já sabia. Eu nunca fiz nada para esconder e acho que você só não descobriu porque não quis.

— Mas isso foi só durante a filmagem...

— Não, agora é mais do que antes. Durante a filmagem, eu tomava cuidado para que não descobrissem para não dar chance a que te gozassem. Esse cara só descobriu porque estava interessado em achar alguma coisa para diminuir você.

— Não posso acreditar que você tenha feito uma canalhice dessas.

— Qual é a diferença? Eu nunca reclamei pelo fato de você aparecer em público com outras mulheres, e de se dedicar a lançar novas atrizes, embora muitos pensem que eu seja até casada com você.

— Você mesma, com a sua indiferença, me leva a fazer isso.

— Então foi melhor ter acontecido o que aconteceu hoje. Assim acaba de uma vez com o meu problema de consciência. Na verdade, já devíamos ter terminado há muito tempo.

Para minha surpresa, Henry, em vez de me dar o fora, passou a lançar a culpa de tudo sobre Cláudio:

— Eu liquido com as possibilidades desse menino. Destruo a carreira dele. Ele me paga.

— Não tente mudar a situação. Ele não tem nada a ver com isso. Só estou com ele porque quero, não me obrigou a nada. O erro é meu, é nosso, por mantermos uma relação mesmo sabendo que ela é falha. Está certo que você me recrimine por não ter te avisado. Mas se não avisei, também nunca procurei esconder. Você é que preferia não ver.

Henry continuou a querer defender-me e a incriminar Cláudio.

Só quando eu disse, claramente, que ia continuar com Cláudio porque queria e porque ninguém podia me negar esse direito é que admitiu a separação.

Estava furioso quando me deixou em frente ao edifício onde morava. Quando fechei a porta do carro ele partiu como um louco fazendo ranger os pneus.

Subi amargurada por tê-lo decepcionado, num momento tão delicado. Mas ao mesmo tempo me sentia aliviada. Era melhor assim. Poderia gozar do amor de Cláudio sem nenhum empecilho.

Dois dias depois, Henry, já calmo, me telefonou dizendo que precisava falar comigo. Foi me apanhar e me levou até sua casa para conversarmos. Disse que tinha considerado tudo e que tinha chegado à conclusão de que não podia passar sem mim:

— Não quero que você me deixe. Não posso suportar ainda.

Deixei claro:

— Eu posso não te deixar, mas não vou deixar de fazer o que bem entender por causa disso.

— Eu não acredito que essa história dure muito tempo. Ele não é homem para você. Daqui a uns dias você vai estar cansada dele. Eu te conheço.

— Isso eu não sei.

— Prefiro tentar.

Assim como ele ainda carecia de minha companhia, seu apoio também ainda convinha para o meu equilíbrio e comodidade. E tudo voltou a ser como antes, como se nada tivesse acontecido.

Talvez, mais do que me amar — como ele dizia — eu representasse para ele um desafio. Porque apesar de tudo o que fazia por mim, jamais conseguia amoldar um milímetro de minha personalidade, coisa que se vangloriava de fazer com as outras.

Sua grande vaidade era criar a imagem de uma mulher até que ela se tornasse admirada por todos. Mas minha personalidade estava mais do que formada e não sofria sua influência. Ou talvez ele fosse masoquista. Porque, embora tivesse muitas outras à sua disposição, continuava a me pôr em primeiro plano.

Inventava novos projetos cinematográficos e me incluía em todos. Expunha-me sempre suas idéias antes de concretizá-las, esperando minha reação. Eu lhe dizia com franqueza minha opinião mesmo quando não lhe era favorável e isso o deixava possesso, não só por não receber o aplauso incondicional que esperava, por estar fazendo algo por mim, como também porque isso demonstrava que eu não era inteiramente conquistável por esse meio.

Eu pretendia, de fato, fazer carreira e sucesso, mas tinha também necessidade de ser fiel ao meu pensamento, fosse qual fosse o resultado.

XXXVIII

Só algum tempo depois foi que o caráter ciumento de Cláudio começou a se manifestar de maneira cada vez mais crescente. Sempre que o contrariava em alguma coisa, simulava uma tentativa de suicídio para me vencer.

Mesmo sabendo que podia ser fingimento seu, não conseguia deixar de me preocupar quando o via sentado, ameaçadoramente, no batente da janela do nono andar, ou quando saía de motocicleta, a toda velocidade, armado de um punhal, dando a entender que praticaria uma loucura. Não me arriscava a pôr em dúvida se suas ameaças eram apenas encenações, porque na vez em que o fiz, ele mostrou não ser de brincadeira.

Foi numa noite em que, sentados num bar, Cláudio começou a me dizer que estava se segurando para não quebrar a cara do garçom que nos servia, porque o mesmo tinha feito há tempos uma sujeira com seu pai.

— Se você está com tanta vontade de bater em alguém, por que não esmurra a parede, em lugar dele, que não passa de um pobre coitado?

Cláudio não teve dúvidas. Começou a esmurrar a parede ao nosso lado até que ficou com a mão encharcada de sangue e tivemos que sair para medicá-la.

Justificava seus ataques de violência atribuindo-os à minha ligação com Henry. Um dia impôs, como condição para continuarmos, que eu me desligasse definitivamente de Henry e de minha carreira, para vivermos juntos e começarmos uma vida nova.

Fui sincera:

— O que me impede de ficar totalmente com você não é Henry, mas meu egoísmo. No momento não quero me ater a nada e a ninguém, a não ser ao meu trabalho.

— Então você não me ama, senão abandonaria tudo para ficar comigo.

— Se a condição é essa, é melhor nos separarmos.

— Então nos separamos já.

Eu o queria. Muito mais forte, porém, era meu desejo de me tornar poderosa, famosa, de me realizar, enfim, no meu trabalho. E estava em pleno caminho. Já havia feito vários filmes e recebido os mais importantes prêmios. Estava até mesmo liderando um elenco provisório no próprio T.M.D.C. Não queria interromper esse curso para me prender a alguém e perder minha liberdade. Se aceitasse sua proposta, em pouco tempo estaria odiando-o, por sentir que cerceava minhas possibilidades.

Mas o desligamento não era fácil. Cláudio mostrava firmeza cada vez que decidia separar-se. Mas depois de alguns dias voltava, e eu, ainda presa afetivamente a ele, retornava facilmente à situação antiga.

Um incidente, porém, me alertou para a impossibilidade de continuar com ele. Foi num fim de semana que passamos fora, junto a uma equipe cinematográfica. Ao jogarmos cartas à noite, com amigos comuns, Cláudio, com sono, resolveu se retirar para dormir, enquanto eu, interessada no jogo, continuei na sala participando dele.

Quando voltei ao quarto, tive a surpresa de encontrá-lo ainda acordado, com o ódio estampado na cara.

Estava esperando que eu chegasse para me acusar de tê-lo humilhado diante dos outros por não ter me retirado junto com ele. Insinuou ainda que eu não ficara na sala pelo jogo, mas por interesse em alguém presente.

Quando fui explicar-lhe que sua desconfiança não tinha nenhum fundamento, agrediu-me com um soco na boca do estômago. O choque que seu gesto me causou serviu como advertência: aquela era uma pequena amostra de incidentes maiores que iriam começar a acontecer dali por diante.

O carinho com que me cercou, logo depois, arrependido do que fizera, não bastou para redimi-lo aos meus olhos. Dentro de mim já estava tomada a decisão de deixá-lo, mesmo sabendo que iria ter que esperar e maneirar ainda por muito tempo para que isso se desse sem escândalos ou violência de sua parte.

Na primeira tentativa de separação que fizemos, de comum acordo, em que ele próprio decidiu se ausentar de São Paulo para procurar novos interesses, tentei fazer uso da minha liberdade. Guardo desse período trechos de um diário:

> "Estou descobrindo que o único estado suportável é o alcoólico. A gente, pelo menos, consegue se deixar levar pela onda do momento. A vida é intolerável. Talvez o seja para mim. Talvez tenha que expiar algum pecado. Vejo, às vezes, casais felizes. Jamais poderia formar com alguém um

casal feliz. Ainda hoje, assisti ao filme *Picnic* e verifiquei que o problema do personagem masculino é parecido com o meu. Quem passou parte da vida num orfanato ou peregrinando em casa de estranhos, jamais poderá tornar-se um ser comum. Sempre será objeto expiatório. Talvez, por isso, às vezes me sinta nula, mesmo diante de pessoas que, sei, não deveriam sequer merecer minha consideração. Ainda hoje, ouvi a conversa de duas garotas consideradas *bem*. Sei que, na ordem natural das coisas, elas não representam nada. Mas, diante da segurança com que dispunham de seu espaço no mundo, ainda que o usassem inutilmente, notei que eu, ao contrário, não tenho ainda o meu espaço. Machuca-me ouvir as pessoas louvarem a futilidade e desconsiderarem o que é importante. É entristecedor. E não conseguir ficar indiferente ao que assisto é muito mais entristecedor ainda. Sofro com a falta de sensibilidade alheia. Não sei se estou certa ou errada. Quem sabe, os outros estejam certos e eu seja exageradamente sensível. O fato é que vejo, à minha volta e cada dia mais, as pessoas se materializarem e se tornarem mais egoístas e superficiais. E sinto que eu também, cada vez mais, corro esse risco pela necessidade de sobreviver. O que é uma injustiça, porque o homem deveria nascer com sua subsistência garantida, sem ter que, para tanto, estar arriscando-se a cair na mediocridade. E pensar que alguns têm direito a herança! Eu, neste exato momento, nada mais desejaria do que estar junto do meu amado. Quem diria! A tantos homens importantes não consigo dedicar um sorriso, e a este, que não pode me dar nenhum proveito, sinto vontade de dar-me. Acho que amo a vida. Apesar dela só se tornar agradável quando a vivo mentalmente. Na fantasia, há mais possibilidades e não existe o fator tempo. Vivem-se diversas existências em apenas uma hora. Na realidade, leva-se uma existência inteira para se viver uma só vida. Não é prático. Apreciar o mundo pelo prisma feminino, é espantoso. Saber que se pode tirar mais vantagem com o corpo do que com o intelecto é coisa que desnorteia. Saber que, em pouco tempo, se consegue mais com o corpo do que com anos de trabalho profissional, é coisa verdadeiramente inquietante. Às vezes, tenho ímpetos de alcançar tudo — segurança, bem-estar, poder — por meio da desprezível matéria. Mas, no dia seguinte, com o cérebro descansado, tudo se apresenta diferente. Gostaria de viver sempre no estado de semi-embriaguez. A realidade, por melhor que seja, jamais será comparável ao sonho. Amo e desprezo a vida. Com a mesma intensidade com que quero vivê-la, participar, integrar-me nela, tenho vontade de desfazer-me dela."

"Gostaria de deixar de fazer confusão entre ambição na minha carreira e ambição de poder. Gostaria de conseguir as duas coisas. Mas vejo que é impossível atingi-las ao mesmo tempo. Nestes últimos dias, deu-me vontade de tentar um lugar junto à alta sociedade, já que um forte representante dela está me acenando com um possível casamento. No entanto, nas poucas vezes que convivo nesse meio, observo que é formado por pessoas desinteressantes. Não sei se essa vontade me veio por necessidade de sentir-me segura e por achar que esse seja, possivelmente, o caminho que me levará à segurança. Ou se é apenas por ambicionar o mesmo padrão de vida deles.
Sei que, para acompanhar o ritmo da sociedade, uma mulher passa o tempo todo cuidando de si mesma, ao invés de atuar em alguma coisa. Portanto, se essa fosse a minha condição, também não estaria satisfeita porque haveria de querer construir alguma coisa. Mas, quem sabe, deveria me

submeter e obter apenas a vantagem econômica dessa posição, para poder aplicá-la no melhoramento das condições do cinema ou de outro campo de arte que pretenda seguir? Mas deve haver algum engano no que imagino a esse respeito. Senão as representantes dessa sociedade não seriam tão inexpressivas e parasitárias na sua quase totalidade."

"Não sinto vontade de viver. Não consigo fazer nada que dê prazer sem ter a sensação de estar provocando, em troca, represália ou castigo. Por que esse medo? Afinal, não tenho lutado na vida e vencido? De que se origina esse temor permanente de ser castigada por qualquer ação? Tenho horror à solidão e, no entanto, fico só, por medo de me ligar às pessoas."

"Sábado, noite, e eu só. Ninguém na cidade. Como odeio a cidade de São Paulo nos fins de semana e feriados. É detestável, triste, vazia, fria, cinzenta, igual a um cemitério. Tenho vontade de ler, mas não consigo. Meu pensamento não reage ao que lê. Por que permaneço nesta incomunicabilidade, na eterna espera de um milagre que me integre no mundo?"

"Tenho me olhado no espelho e não tenho me sentido satisfeita. Noto que os sinais do tempo já estão começando a me atingir. No entanto, poderia estar em melhor condição física, se não fosse minha emotividade excessiva. Desejaria que, um dia, minha mente acordasse tranqüila e meu rosto plácido. Sempre que o vejo no espelho, encontro-o contraído. Gostaria de ter duas horas sem pensar para descansar o espírito. Mas ele não pára nem quando durmo. Meus sonhos continuam a desenvolver as impressões colhidas durante o dia. Desejaria viver sempre amando. É a única coisa que vale a pena na vida, junto à música e à beleza.

> Ainda não consegui vencer a batalha que se trava dentro de mim toda vez que tenho que tomar uma resolução. Decido uma coisa a cada instante. Gostaria de ser onipresente para saber de tudo que se passa e poder escolher o melhor. Na verdade eu queria ser Deus."

Depois de um mês e meio sem ver Cláudio, recebi uma noite seu telefonema. Estava embaixo, esperando-me no carro.

Desci. Quando o vi, alegre e saudável, fiquei com meu amor-próprio ferido. Era sinal de que se tinha desprendido facilmente de mim, enquanto eu, mesmo resolvida a deixá-lo, senti várias vezes sua falta.

Depois de nos observarmos por longo tempo, sem dizer uma palavra, comentei:

— Você está ótimo.

— Estou, sim.

— Eu sabia que a distância ia te fazer bem.

— É, a distância me fez bem mesmo. Serviu para provar, de uma vez por todas, que eu te amo, ouviu? Que TE AMO, TE AAAAMMMMOOOO!!

E pôs-se a bradar no carro a toda altura:

— EU TE AAAMMMOOO! TE AAAMMMOOO! OUVIU? TE AAAMMMOOO!

— Cuidado, que podem ouvir e nos reconhecer.

E ele, botando a cabeça para fora do carro, continuou:

— É isso mesmo que eu quero, que o mundo todo saiba que TE AAAMMMOOO! VOCÊ É MINHA MULHER! MIIINNHHA MMUUULHEEER E EU TE AAMMOO!

Cláudio estava mais belo que nunca naquela explosão de vitalidade e eu me deixei arrebatar pela sensação do momento.

Só quando o cotidiano voltou a reinar é que me dei conta da minha leviandade não tendo me mantido firme, na noite da sua chegada.

A satisfação que o amor dele me dava não compensava mais a pressão que seu temperamento exercia sobre a necessidade que eu tinha de me expandir.

XXXIX

Estava com o nome feito. Já tinha criado fama, prestígio e popularidade mas, mesmo assim, continuava insatisfeita e intranqüila.

Achei que, possivelmente, a razão da minha insatisfação não estaria dentro de mim, mas fora, no meio que me rodeava. E que, se mudasse de lugar, eu também mudaria automaticamente. Arquitetei então a idéia de fazer uma viagem para longe, mudar.

Ao reencontrar Solange, que voltava de mais uma de suas viagens à Europa, solidifiquei essa idéia. Ela me contava maravilhas de Roma, onde se fixava mais tempo, por ser a cidade que vivia um período áureo de movimento e sensacionalismo desde que se tinha transformado na nova Meca do cinema.

Sugestionada por Solange, acabei me convencendo de que Roma seria o lugar ideal para eu ir. E de que, lá, longe de tudo que me cercava, eu me tornaria uma nova pessoa, livre de todos os problemas que carregava aqui, podendo me integrar no movimento da cidade. Precisava apenas da companhia de alguém como ela, cuja segurança e sociabilidade compensassem minha timidez e incomunicabilidade. E Solange estava disposta a voltar comigo.

Contei a Henry minha idéia e ele me deu todo apoio. Sugeriu que eu enviasse de lá entrevistas com personalidades famosas para o jornal *Última Hora*, não só para faturar alguma coisa, como também para não desaparecer do noticiário durante a minha ausência.

Além disso ia me proporcionar contatos importantes com o meio cinematográfico de Roma, enviando por meu intermédio cartas ou lembranças a cineastas e roteiristas famosos, amigos seus, com os quais mantinha correspondência constante.

Só faltava a passagem, muito cara para que eu pudesse comprar. Mas tudo ficou resolvido quando disse a Bernardo — com quem ainda mantinha contato, de vez em quando — que pretendia fazer essa viagem. Ele mesmo já me havia dado a idéia de fazê-la há mais tempo e me ofereceu, na hora, a passagem de presente. Para ele, era menos do que uma corrida de táxi.

Com tudo arranjado, fiquei desorientada quando Solange me disse que não ia mais poder me acompanhar. Suspendi a idéia. Sozinha não iria. Já era difícil me comunicar com conhecidos, quanto mais com desconhecidos, em língua que eu não dominava e em lugar onde não sabia me situar.

Mas, quando soube que Renine ia voltar para Roma, retomei o projeto. Sabia que ele não poderia me dar a assistência ideal que Solange me daria. Ia para trabalhar. Mas, ao menos, não desceria sozinha no aeroporto e teria quem me colocasse num hotel.

Renine me avisou de que não iria direto para Roma. Tinha que descer em Paris por alguns dias, porque de lá daria um pulo até Londres. Paris estava fora de minha cogitação, mas achei melhor acompanhá-lo pois não saberia como me virar sozinha.

Numa manhã, me vi finalmente dentro de um DC-7, sentada ao lado de Renine, com destino a Roma, com escala em Paris.

Assim que chegamos em Paris, Renine me hospedou num pequeno hotel e pediu que guardasse suas malas porque ia imediatamente para Londres.

Fiquei chocada. Ele tinha me avisado sobre essa viagem mas achei que não seria desumano a ponto de me deixar sozinha, logo ao chegar, numa cidade desconhecida. Achava que, à última hora, mudaria de plano ou me convidaria para acompanhá-lo, embora eu estivesse ainda menos interessada em Londres que em Paris. Mas qualquer coisa era preferível a ficar só.

Sua discrição sobre o motivo dessa viagem e sua total descortesia, não procurando ao menos saber se eu estava interessada em conhecer Londres, me deram a certeza de que ia ao encontro da tal mulher com quem mantinha romance.

Quando ele fechou a porta, e me vi sozinha num lugar estranho, senti um desamparo tão grande que a única coisa que consegui fazer foi engolir, de uma só vez, três comprimidos de tranqüilizante para dormir e fugir àquela sensação insuportável de abandono.

Esperando o efeito do tranqüilizante chegar, fiquei observando o quarto, os móveis e objetos, me causando curiosidade e medo a estranheza das formas.

Fui até à janela. Dava para um pátio interno, de onde se via os fundos de outros edifícios. Por uma janela aberta com a luz acesa, vi um casal jovem ocupado com uma criança de uns quatro anos. Pareciam felizes. Tinham o ar de terem trabalhado muito durante o dia, e estarem, agora, gozando o aconchego do lar. Invejei-os. Deveriam estar sentindo o oposto de mim, mutuamente protegidos e amparados. "Talvez, por causa desse conforto, é que todas as pessoas se casam. Para fugir à sensação desoladora que estou sentindo neste momento. Talvez a finalidade da vida seja apenas essa, a de ficar junto de alguém e ter filhos, e não a busca incessante e indefinida, que me imponho."

Junto ao torpor do tranqüilizante me veio também a consciência de que me encontrava num outro continente. E que tinha atravessado o oceano para continuar a me entorpecer e dormir da mesma forma que fazia antes, em meu apartamento em São Paulo.

Num impulso momentâneo, vesti um *blue-jeans* e desci. A porta do hotel já estava fechada. Um porteiro velho e mal-humorado veio abri-la. Não sabia onde me encontrava. Perguntei a ele em que direção ficava o centro do bairro e ele me indicou a direita, dando-me ao mesmo tempo um mapa da cidade.

Lá fora, aspirando o ar fresco e observando as formas diferentes da arquitetura e das ruas, a sensação do desconhecido, que até há pouco tinha me amedrontado, me inundou de vitalidade e otimismo e, saboreando esse novo estado, caminhei lentamente, até desembocar numa grande avenida. Olhei a placa: Boulevard Saint-Germain des Près. Fiquei emocionada. Era inacreditável que eu estivesse em pleno Boulevard Saint-Germain des Près. Olhei para os lados e avistei à direita uma zona de luminosidade e movimento. Encaminhei-me em sua direção.

Depois de ter andado alguns quarteirões deparei com o "Café de Flore", do outro lado da calçada. Essa visão me deu uma sensação tão reconfortante, como se tivesse encontrado algum conhecido: de fato, o conhecia das leituras de Sartre e Simone de Beauvoir e das canções de Juliette Greco. Quis entrar no café mas, antes de atravessar a avenida, vacilei. Nunca tinha tido coragem de entrar sozinha, àquela hora da noite, num lugar movimentado como aquele. Considerei: "afinal, não consta que a Europa é um lugar civilizado? E, além disso, aqui sou absolutamente incógnita." Atravessei a rua. O relaxamento produzido pelo tranqüilizante me ajudou a entrar sem inibição mas, ainda assim, qualquer pequeno empecilho poderia me fazer desistir de ficar. Uma mesa, logo na entrada à minha frente, me deu o impulso necessário para me instalar.

Sentada ali junto ao passeio público, fiquei observando com avidez e deslumbramento aquele desfile de gente de todos os tipos e raças. O comportamento das pessoas, as roupas, os idiomas variados que chegavam aos meus ouvidos, tudo me dava a sensação de estar diante da *vitrine do mundo*. E, diante dela, fiquei extasiada, assistindo ao incessante borbulhar de vida, descobrindo suas infinitas manifestações.

Quando o café começou a esvaziar e vi que se aproximava a hora de ficar sozinha no quarto do hotel, a depressão voltou. Reagi, abrindo o mapa que trazia dentro da bolsa, a fim de tentar localizar nele o endereço de alguém para quem trazia uma encomenda.

Confusa diante do emaranhado das ruas, fui surpreendida pela chegada de um rapaz que, até poucos momentos antes, estava sentado numa mesa mais distante. Apresentou-se. Era um brasileiro que dizia me conhecer de televisão e teatro. Pediu licença para sentar na cadeira ao meu lado, oferecendo-se para me ajudar a localizar o que procurava no mapa, pois já conhecia bem Paris.

Sua presença, ao mesmo tempo que me deu uma sensação de conforto, por ser alguém que me inspirava confiança e portanto podia me servir de apoio nos três dias de espera, até que Renine voltassse, me desagradou num ponto: contrariava minha idéia de que o mundo era muito grande e de que eu, mudando de distância, estaria mudando também de identidade.

Nos dias que se seguiram, o rapaz, que também se encontrava de passagem por Paris, com destino à Alemanha, onde estudava, se encarregou de me distrair, fazendo-me conhecer todos os restaurantes, cafés, *shows* e nus famosos da cidade.

Renine voltou de Londres numa manhã, e à tarde já estávamos dentro do trem que nos levaria até Roma. Dentro do trem, depois de algumas horas de viagem, comecei a sentir uma angústia desenfreada, que se manifestava sob todas as formas.

À medida que via a paisagem lá fora distanciar-se até perder-se de vista, tinha a sensação de que quem estava se distanciando de qualquer ponto de origem até perder-se de vista era eu; e que à medida que o trem avançava mais eu penetrava fundo na treva do desconhecido, perdendo-me dentro dela para sempre. Eu era uma coisa vaga, boiando no vazio. Tinha a impressão de que não era ninguém. Era nada.

Lutava para afastar essa sensação desesperadora, olhando para Renine que lia um livro, e assim conseguia estabelecer referência com alguma coisa, e raciocinar que eu era uma determinada pessoa que, se quisesse, poderia a qualquer momento parar, voltar, ou seguir segundo minha própria vontade. Mas logo voltava a ser tomada pela mesma sensação de antes.

Renine, entretido em sua leitura, estava longe de saber o horror que se passava dentro de mim, e eu estava longe de conseguir contar-lhe o que sentia porque tinha certeza de que ele jamais entenderia.

Quando o trem parou na primeira estação da Suíça, um bando de moças estudantes ocupou os assentos vagos na nossa cabina. A segurança e descontração delas me deu a medida da minha tensão e insegurança. Fiquei pensando no que me fazia ser tão diferente delas, já que pela aparência tinham a mesma idade e saúde física que eu. E compreendi que elas eram assim, porque em alguma parte teriam alguém, ou alguma coisa, que as esperava, ao contrário de mim que não tinha nada e ninguém que me esperasse em lugar algum.

A voz de Renine que, fechando o livro, começou a comentar o aspecto da paisagem dos países que atravessamos me tirou algum tempo dessa agonia.

Mas, quando ele disse que em Roma, depois de me deixar hospedada, eu não poderia contar com ele, porque estaria o tempo todo ocupado com os ensaios da peça que ia dirigir lá, me senti regredir até chegar ao estado infantil e comecei a vê-lo como um ser abominável e cruel, sem o menor escrúpulo de deixar uma criança indefesa como eu no abandono. Não conseguia realizar que eu era alguém que tinha o dom de andar, falar, se movimentar e se orientar sozinha como qualquer adulto.

Quando chegamos à Stazzione Termini tive vontade de pedir-lhe que me levasse até o aeroporto para pegar um avião de volta para casa. Mas a vergonha não me deixou fazê-lo. Continuei a fingir que estava me sentindo normal.

Com os hotéis todos ocupados por um congresso religioso, Renine só conseguiu, para me hospedar, uma espécie de pensão residencial no centro da cidade. Quando se despediu e me vi sozinha num quarto minúsculo, tive uma crise convulsiva de choro. Sentia-me tão desolada como quando meu pai me deixara no orfanato. Tomei tranqüilizantes e fiquei catatônica na cama. Depois de muito tempo consegui me levantar e desfazer minhas malas. Tomei mais tranqüilizantes, até conseguir um estado de alheamento que me permitisse descer à rua.

Caminhando pelas redondezas, o aspecto sombrio de certas formas arquitetônicas, as cores enegrecidas de alguns paredões, a antiguidade da maior parte dos edifícios, em lugar de estimular minha curiosidade, só faziam aumentar minha desolação.

Voltei.

À noite na hora do jantar desci até a sala de refeições. A presença dos hóspedes, na maioria pessoas idosas com ar complacente, me transmitia uma sensação insuportável de submissão, miséria e abandono. Tudo me parecia tenebroso. E para atenuar minha angústia tomava mais tranqüilizantes até amortecer meus sentidos.

Na noite seguinte Renine foi me buscar, conforme havia prometido num telefonema que me fez à tarde, para me mostrar as ruínas romanas. Ao me flagrar, extasiada, vibrando diante da beleza milenar, custei a crer que eu era a mesma pessoa que até poucas horas atrás estava prostrada na cama como uma morta.

As duas pessoas se revezavam novamente, dentro de mim, sendo que a última permanecia cada vez por mais tempo.

No dia seguinte, não suportando mais a desolação, resolvi voltar para o Brasil. Fui até a agência de passagens me informar sobre os vôos. O diretor da agência brasileira me reconheceu e veio falar comigo. Quando lhe disse que estava lá para marcar a passagem de volta não se conformou:

— Mas como, você está só há dois dias em Roma e já quer voltar? Nem conhece a cidade ainda.

Não sabia como me explicar e justifiquei:

— Talvez eu volte para Paris, antes.

— Mas isso é um absurdo, você tem que ficar ao menos alguns dias mais. Eu tenho certeza de que, se conhecer a cidade, vai gostar. Onde você está hospedada?

Dei o nome da pensão residencial que ficava não muito distante da agência.

— É por isso que você não está se adaptando. Está muito mal instalada. O Congresso acaba depois de amanhã e vai ter lugar de sobra para você escolher. Para começar te convido para almoçar agora no Transtevere, assim você fica conhecendo uma das partes mais bonitas de Roma.

Almoçando com o Sr. Oliveira, numa *trattoria* ao ar livre, na Piazza Sta. Maria, minha disposição oscilava.

Quando observava à minha volta as pessoas alegres e animadas, naquele dia radiante, comendo com gosto aqueles pratos de aparências magníficas, era impelida a ficar e tentar fazer parte do mundo delas. Mas logo depois, pendia para a desistência.

Percebendo minha indecisão, o Sr. Oliveira aumentou sua hospitalidade, me convidando para conhecer no fim daquele mesmo dia o "Café de Paris", o bar mais movimentado de Roma que, segundo ele, me incentivaria a ficar.

Sentada ao seu lado numa pequena mesa do "Café de Paris", na Via Veneto, fiquei entontecida pela agitação de pessoas que entravam e saíam misturadas às maiores celebridades do cinema como Marcelo Mastroiani, John Derek, Ursula Andress, Aldo Fabrizzi, Amedeo Nazzari.

Num certo momento uma mulata exótica se aproximou de nossa mesa. Cumprimentou o Sr. Oliveira e virou-se para mim dizendo que estava curiosa de me conhecer pessoalmente, pois já conhecia de teatro, cinema e televisão. O Sr. Oliveira convidou-a a sentar-se conosco. Lice era seu nome. Era brasileira e trabalhava em Roma há mais de um ano, como modelo fotográfico. Já dominava inteiramente a cidade e o idioma. Quando soube que eu não havia encontrado instalação adequada me convidou logo a ficar no quarto que alugava de um apartamento de uma senhora viúva junto à Via Veneto. Mudei-me para sua casa no dia seguinte.

Durante o período em que Lice se dedicou a me fazer conhecer a cidade, e lugares da moda, apresentando-me cada dia uma novidade, tive a ilusão de estar definitivamente adaptada e afastada dos problemas que tinham me abalado na chegada. Mas depois de três semanas, quando ela voltou ao seu trabalho e eu fiquei entregue a mim mesma, mergulhei novamente na angústia e desolação.

Quando conseguia sair desse estado e a pessoa normal tomava conta de mim, conseguia realizar alguma coisa: fiz duas entrevistas para enviar a São Paulo: uma com Amedeo Nazzari, outra com Aldo Fabrizzi. Posei para uma revista importante de lá e mandei fotos minhas para Henry, como ele tinha sugerido, para que fossem publicadas no Brasil. Procurei Sérgio Amidei, um dos maiores roteiristas italianos — *Ragazzi di piazza di Spagna* e *Roma cittá aperta* — a quem Henry tinha enviado uma carta. Ele próprio me levou em seu carro num domingo até a Vila Sta. Marinella, onde vivia Roberto Rossellini com quem eu pretendia fazer uma entrevista. Eu já tinha conhecido Rossellini, ligeiramente, quando de sua estada por alguns dias em São Paulo, tendo Henry como cicerone. Passei o domingo em companhia de ambos e mais os filhos de Rossellini.

Quando quis descansar depois de ter provado um almoço pesado, o próprio Rossellini pôs seu quarto à minha disposição, para que eu repousasse à vontade. Deitada em sua cama, não consegui dormir. Pensava em que ela tinha abrigado tantas vezes uma mulher que havia sido um ídolo para mim e que ainda continuava a ser: Ingrid Bergman. Naquela mesma cama ela teria concebido algum daqueles seus filhos tão belos quanto ela. Pensei em que talvez toda a minha insatisfação e procura fosse na verdade o desejo de me tornar alguém importante como ela. E, no entanto, com toda a fama que a envolvia, ela também não conseguira deter a felicidade por muito tempo. Estava separada de Rossellini.

Ele também, embora fosse o diretor italiano mais famoso da época, não parecia feliz. Notei sua expressão de desencanto e melancolia num certo momento em que estava distraído em seu terraço olhando a paisagem.

Não falei com ele tanto quanto gostaria. Por respeitar sua intimidade, e por receio que pensasse que eu estivesse lá para chateá-lo com algum pedido para me infiltrar no cinema italiano. Eu bem que gostaria mas meu amor-próprio jamais me permitiria pedir ou insinuar. Por isso colhi da conversa apenas dados de sua vida profissional.

Na volta consegui me divertir com Amidei, um italiano extrovertido, com uma vasta cabeleira branca, que botava a cabeça fora do carro para xingar de *stronzo* qualquer um que ultrapassasse o seu minúsculo Fiat.

As cartas que Henry me havia dado para me apresentar a diretores para possíveis contatos de trabalho lá, não as consegui usar. Era tímida e ao mesmo tempo orgulhosa demais para me expor a esse tipo de oferecimento. Numa única tentativa que fiz ao procurar Elio Petri — se não me engano — enquanto sua secretária foi entregar-lhe a carta, me senti numa situação tão constrangedora que saí antes mesmo que ela voltasse para me dizer alguma coisa.

Eu vivia numa confusão constante criada pela duas pessoas que se alternavam dentro de mim. Uma me puxava para a vida, a outra para a morte. A que me puxava para a vida me trazia problemas, porque me desafiava. Exigia que eu entrasse e vencesse naquela concorrência gigantesca, mesmo sem ter condições. Lá não adiantava o cabedal profissional que já tinha conquistado em minha terra. Se quisesse entrar no jogo era preciso partir da estaca zero e impressionar, antes de tudo, pela aparência. A ostentação parecia o fator mais importante para se impor lá. E eu não tinha dinheiro não só para me apresentar como conviria, como nem sequer para comprar qualquer bobagem que me atraísse mais nas vitrinas.

Isso tudo me fazia entrar novamente em conflito com meus valores. Tentei provar, mais uma vez na prática, se seria capaz de utilizar o meio mais fácil de obter o dinheiro de que precisava prostituindo-me. O resultado da experiência foi insuportável. Compreendi, de uma vez por todas, que não era por medo da censura alheia que eu não conseguia me prostituir, como às vezes supunha. Era por uma questão de integridade pessoal.

A mesma situação que tinha vivido com Bernardo provei também com o príncipe Ado Bandini. Conheci-o no "Café de Paris". Apesar de tê-lo namorado e de ele me agradar muito como homem, não tirava vantagem de sua condição de bilionário, mesmo tendo ele insinuado que, se "eu precisasse", me ajudaria. Era difícil para mim misturar o amor com outros interesses.

Não conseguia tampouco manter uma relação amorosa tranqüila com ele, porque sabia que, estando atado ao casamento e à tradição, não reservaria para mim mais do que os momentos de fuga erótica.

Com tantos obstáculos, a *outra* se sobrepunha e me fazia assistir a tudo, passivamente, como uma espectadora. E como espectadora me comportei na noite em que fui com Lice a uma festa na casa do ator Maurizzio Arena. Havia na festa um clima exaltante de sensualidade, amoralidade e deboche. As pessoas faziam o jogo da verdade, e o tema constante era o sexo. Os convidados eram pessoas jovens e belas. Alguns começando a trilhar a carreira cinematográfica, outros simples produtos da superficialidade mundana. Maurizzio era o protótipo do galã de sucesso, isca perseguida pelos *paparazzi* dada a vida desregrada que levava.

As mulheres presentes, bonitas e sofisticadas, estavam todas ávidas de terem um caso com ele e assim se promoverem. Mas ele mesmo preferia entre todas minha amiga Lice. Há tempos que ele a assediava. Os italianos eram fanáticos por dois tipos de mulher: a sueca, por as julgarem libertinas e belas, e as mulatas, pelo exotismo.

Num certo momento da festa, minha atenção foi atraída por um movimento de pessoas que paravam e riam baixo no terraço. Curiosa, fui até lá, e vi, por uma pequena fresta da janela, Maurizzio e Lice trepando.

Na volta, embora Lice me dissesse que Maurizzio também ignorava estar sendo observado, eu tinha quase que certeza que aquele deveria ser um hábito seu, para exibir sua machice. Esse deboche confirmava minha suspeita de que expor-se era arriscar-se.

Numa noite em que fui ao Clube 84, em companhia de um fotógrafo alemão amigo de Lice, lá estava Renato Salvatori. Ao ver meu amigo cumprimentá-lo, perguntei-lhe se não podia me facilitar a tarefa de fazer uma entrevista com Renato.

Em pouco tempo ele me apresentou ao ator que se sentou à nossa mesa. Apesar de estar fazendo o mesmo sucesso que Maurizzio, era fácil ver que a personalidade de Renato era bastante diferente. Negava-se a usar sua vida privada como veículo de publicidade e, segundo me disse, se propunha daí em diante a só aceitar trabalhos sérios. Já estava com o roteiro de Luchino Visconti *Rocco e suoi fratelli* e sua grande esperança era ser chamado para esse filme.

Combinada a entrevista Renato me convidou para dançar. Enquanto dançava com ele, desejei que o mundo parasse, porque aquilo era tudo o que eu almejava da vida naquele momento. Por isso mesmo se tornou difícil e depois impossível me relacionar com ele. No dia em que me levou para fazer esqui aquático no Lago Bracciano, fiquei ao seu lado, como uma idiota, sem conseguir ser espontânea por um momento.

Dias depois, Renato me convidou para assistir a seu último filme *I soliti Ignoti* que estava passando num cinema de bairro. Em seguida me levou para jantar numa *trattoria.* Nessa noite, ao me sentir alvo das atenções gerais por estar em sua companhia, minha neurose detonou toda a sua carga. Voltei ao processo de achar que não merecia nada, e se ele estava me dando tanta atenção era porque estava enganado a meu respeito.

A dificuldade que eu opunha à sua aproximação física era proporcional a minha ânsia de tê-lo. No dia em que disse a ele que meu maior desejo era conhecer Capri e ele se dispôs a me levar até lá num fim de semana em seu carro esporte, entrei num delírio alucinatório.

Achei que ele estava me oferecendo isso porque teria me *descoberto* e queria vingar-se. Estava resolvido a me levar para longe, até Capri, a fim de poder liquidar-me, atirando-me ao mar ou largando-me em algum lugar do qual eu não pudesse mais sair. Ele já teria descoberto também que ninguém reclamaria meu corpo.

Dentro de minha cabeça sua gentileza era uma simulação do "caçador", para me pegar em flagrante e me abater.

Perseguida por essa obsessão macabra, tive que desistir de ir quando ele me ligou para confirmar. Depois, sozinha em casa, fiquei me torturando com ódio de ter tomado uma atitude contrária ao meu desejo. Entrava então numa introspecção tão profunda que tinha medo de enlouquecer.

Ficava longo tempo diante do espelho tentando me reconhecer e, não conseguindo, me atinha ao surgimento de qualquer pequena ruga como advertência para desistir de vez da vida, antes que ela desistisse de mim.

Essa viagem que eu esperava ser a "solução" de todos os meus problemas, na verdade se transformou na "total desintegração de mim mesma". Porque quando isso acontecia em meu país, quando eu perdia minha identidade, e não tinha noção do que era, havia uma coisa que me relacionava com a realidade: minha profissão. Meu nome no letreiro de um cinema, de um teatro, ou num jornal ou revista atestavam a minha existência.

XL

Quando resolvi finalmente voltar para o Brasil, minha angústia tomou outra forma: a da indecisão.

Debatia-me entre a idéia de voltar de navio — que me possibilitaria economizar algum dinheiro e assim poder fazer alguma compra — ou de avião.

Tinha a sensação de que, se voltasse de navio, poderia estar perdendo, durante o tempo da viagem por mar, algo maravilhoso que estaria acontecendo em alguma parte do mundo e de que eu, isolada no oceano, não poderia participar.

Quando optava pelo avião, vinha-me a desconfiança de que era só entrar nele para que esse fato maravilhoso acontecesse em Roma, enquanto eu estivesse no ar. Não sabia definir o que seria: era como um acontecimento mágico, no qual encontraria, enfim, todos os elementos capazes de me tornarem completa e feliz como os outros.

Essa indecisão me torturou por mais de uma semana. Saía em direção à agência para marcar a passagem mas no meio do caminho era acometida pela dúvida e voltava. Uma vez em que eu entreguei minha passagem e o recepcionista começou a preenchê-la, arranquei-a de sua mão, inventando uma desculpa para reavê-la novamente em branco. E saí de lá trêmula, como se tivesse logrado escapar de um ardil. Eu estava incapacitada de tomar qualquer decisão e esperava que alguma coisa ou alguém o fizesse por mim.

Depois desse infindável vai-não-vai, por mar ou por ar, me vi finalmente dentro de um avião com destino ao Brasil. Um casal jovem, com um filho de colo, sentado algumas fileiras à minha frente, ocupou minha atenção durante toda a viagem.

O homem era um italiano refinado que junto com a mulher formava um casal jovem, bonito e aparentemente feliz. Perdi-me na divagação: "o que será deles dentro de cinco ou dez anos? Estarão se sentindo plenos como agora, ou decepcionados, separados, ou, simplesmente se tolerando? Ou ainda se amando? Será possível essa última hipótese?" Ele parecia ser um macho ideal, que cobria sua fêmea com todos os cuidados e calores, para que não se sentisse desabrigada. Invejei-a.

Depois de certo tempo, o homem passou a me olhar com o mesmo interesse com que eu o olhava. Havia momentos em que a nossa troca de olhares era tão carregada de sexualidade que era o mesmo que estarmos nos possuindo pelos olhos. O homem era visivelmente feliz, mas isso não o impedia de ter vontade de estar comigo, como eu com ele. Isso me fez pensar no pavor que tinha da infidelidade. Sempre sentira a infidelidade como uma traição imperdoável, mortal.

"Não existe nenhuma forma de garantia para a fidelidade — pensei — nem o casamento, nem nada. Talvez por isso esteja preferindo dividir meu afeto com mais de uma pessoa, para não perder o equilíbrio se uma delas falhar. Será que não creio mais no casamento como forma de preservação do amor porque as duas vezes em que projetei nele meu ideal de felicidade, não foi possível realizá-lo e isso me causou despeito? Ou será apenas resultado do que aprendi através da minha experiência?"

Era impossível ignorar o desfecho do caso com Anders.

Como eu previa, ele acabou se casando com uma moça rica de nome suficientemente tradicional para integrar seu nome estrangeiro dentro da sociedade brasileira. Mas jamais poderia supor que depois disso, já com um filho pequeno, tivesse a coragem de me procurar para que eu voltasse a ser sua amante. E que, diante da minha recusa, ele tivesse a insensibilidade de propor, em troca, me manter financeiramente. Depois disso foi impossível preservar a imagem do amor ideal que ele representava para mim.

A voz de um comissário avisou que o avião estava se aproximando de São Paulo. Quando desci encontrei Henry me esperando. Tinha-lhe enviado um telegrama.

Depois de trocarmos idéias gerais sobre a viagem, ele me mostrou uma revista que me anunciava como "o novo amor de Rossellini", apenas porque o tinha entrevistado e aparecia em algumas fotos junto com ele e seus filhos. Ri com ironia. Alguns jornais me procuravam para me entrevistar sobre a viagem como se eu fosse uma "vitoriosa", e no entanto eu tinha voltado justamente porque me sentia nula.

Em poucos dias minha vida voltou ao mesmo funcionamento de antes. Uma nova peça de sucesso em que eu aparecia como protagonista, *Society em baby-doll*, e que tinha Cláudio como um dos assessores da produção, nos prendia a uma convivência diária, dificultando nosso desligamento.

Um novo incidente me alertou outra vez para o perigo de sua proximidade. No tempo que fazia essa peça, um homem célebre começou a procurar fazer contato comigo através de um emissário. A princípio desconfiei que fosse uma brincadeira, e indaguei-lhe:

— Mas por que ele quer me conhecer?

— Te admira, acompanha teus passos desde o início de sua carreira e gostaria de te conhecer pessoalmente, falar com você, trocar idéias.

— Sobre o quê?

— Talvez sobre teatro, cinema, não sei.

Diante de sua insistência e depois de ter apurado devidamente que não se tratava de uma brincadeira, fiquei tentada a conhecê-lo de perto, porque eu também o admirava e acompanhava a trajetória de sua vida pública. Depois de ter ouvido sua própria voz ao telefone, acabei aceitando o convite que me propôs. Um encontro em lugar clandestino em que nem ele nem eu fôssemos vistos ou reconhecidos.

Com todos os meus passos controlados por Cláudio, ainda que estivéssemos teoricamente separados, tive que lhe mentir esse dia, quando me convidou para ir ao cinema, dizendo que não podia porque precisava comparecer a um coquetel cinematográfico que havia naquela noite.

Apesar de me sentir privilegiada por estar conhecendo na intimidade um homem cujo prestígio e personalidade fascinavam a todos, tive que abreviar o encontro quando lembrei que, àquela hora, possivelmente Cláudio já teria me procurado no coquetel, e não tendo me encontrado estaria no meu encalço. Despedi-me confessando a razão pela qual tinha que ir sem mais demora.

Voltei às pressas para casa e ao fechar o portão de entrada do edifício, antes mesmo de localizar o botão da luz, vi o vulto de Cláudio na escuridão, de tocaia.

— De onde você está chegando?

— Do coquetel.

— Mentira, estive lá e você não estava. Perguntei aos outros e ninguém te viu.

— Pode ser que não tenham me visto, mas eu estive lá.

— Então por que está chegando só agora?

— Saí de lá mais cedo para jantar, com um grupo...

— Diz a verdade, você foi se encontrar com alguém, diz, diz, diz...

E começou a me esbofetear pelo corredor, dentro do elevador que subia, até a porta do meu apartamento. Lá dentro, arriada, chorava mais de impotência de me livrar dele do que pela sua agressividade, com a qual eu já contava.

Cláudio se debruçou sobre mim e quase a chorar também começou a beijar minhas mãos pedindo perdão, dizendo que tinha feito aquilo unicamente porque me amava. Apesar de estar odiando-o pela sua violência, não consegui ficar alheia à beleza de seu fervor e a cena acabou se transformando em sexo exacerbado.

Nos dias que se seguiram, Cláudio ficou ao meu lado tratando com desvelo das equimoses em meu rosto e satisfazendo todo e qualquer capricho que me viesse à cabeça. Queria se redimir e esforçava-se para me refazer física e moralmente. Mas, mais do que nunca, estava decidida a deixá-lo sem mais adiamento, porque ele já não representava apenas uma opressão, como também uma ameaça. Por sorte eu havia pedido para me substituírem no elenco da peça uma semana antes.

Só depois de algum tempo, quando conheci Lenny, um dos atores de um novo filme que comecei a fazer, foi que consegui condições para me reerguer. Lenny era estrangeiro, com uma formação bastante diferente da dos homens latinos.

Amparada no seu apoio moral e físico — Lenny era atleta — tive forças para me desprender de Cláudio, apesar das constantes ameaças que passou a me fazer por telefone. Mesmo me sentindo em perigo, não contava tudo o que se passava a Lenny. Queria poupá-lo de ter que tomar uma atitude. Achava injusto pô-lo na situação de resolver um problema que eu mesma tinha criado.

Um dia Cláudio me pegou em flagrante entrando num restaurante com Lenny. Quase desmaiei ao vê-lo. Lenny me segurou pelo braço, enquanto subíamos os degraus, e apenas disse:

— Fique calma, você está comigo.

Sentada no restaurante Fazano, que ficava no primeiro andar, estava fora de mim. O garçom perguntava o que eu queria e eu não conseguia responder. Lenny fez a escolha por mim. Pedi água e engoli dois tranqüilizantes para ver se conseguia me acalmar. Tinha certeza de que Cláudio não ia deixar a coisa naquele simples atirar para longe seu cigarro aceso quando cruzou conosco. Lenny em compensação estava em plena calma, encomendando vários pratos ao garçom.

Logo depois de nos terem servido o *couvert*, vi Cláudio surgir na porta do restaurante. Pela minha reação Lenny virou o rosto e também viu Cláudio. Voltou-se para mim dizendo:

— Não entendo como você pode se descontrolar desse jeito. Será que você não compreende que estou ao seu lado e que ele não vai fazer nada contra você?

Na verdade, embora Cláudio fosse forte, Lenny era mais forte do que ele. Mas e o escândalo?

Baixei a cabeça fingindo não tê-lo visto. Cláudio começou então a vir em nossa direção. Chegou à nossa mesa e me disse:

— Preciso falar com você.

Lenny virou-se para mim:

— Você quer falar com ele?

Fiquei sem saber que atitude tomar. Se dissesse que não, talvez Cláudio começasse a brigar ali mesmo. Com medo do escândalo fiquei muda e minha lembrança saltou para uma situação semelhante, acontecida meses antes, em que o carro de Cláudio cruzou casualmente com o de Henry, que me viu dentro e passou a nos perseguir até conseguir ultrapassar e nos fechar numa curva. Desceu batendo a porta do carro com força e veio em nossa direção dizendo para mim:

— Desce. Quero falar com você.

Cláudio agiu bem diferente do que estava agindo Lenny. Saltou do carro, parou diante de Henry e, impedindo-o de aproximar-se de mim, foi taxativo:

— Ela está comigo e não vai falar com ninguém.

Henry tentou apelar para mim e voltando o rosto em minha direção tornou a dizer:

— É contigo que quero falar.

Cláudio interveio mais acintoso:

— Já disse que ela está comigo e não vai falar com ninguém.

Henry nos fuzilou com os olhos e, olhando mais uma vez para mim como a dizer "mais tarde acertamos as contas", saiu furioso fazendo ranger os pneus do carro.

Ouvi outra vez a voz de Lenny perguntando:

— Você quer falar com ele?

— Ah, ah — concordei com medo.

— Tá bem — disse Lenny — então vamos até lá fora. Eu vou junto.

Ao chegarmos no saguão do elevador, Lenny desfez o embaraço.

— Podem conversar à vontade eu fico aqui do lado.

Distanciou-se alguns passos, mantendo sua atenção em meu rosto. Cláudio, de costas para Lenny, encarou-me nos olhos e falou entredentes:

— Você me paga. Um dia destes eu apareço para te matar, tá ouvindo?

Lenny, de atalaia, observava minhas reações, e eu as camuflava, fingindo estar ouvindo qualquer coisa comum enquanto Cláudio continuava:

— Eu acabo com sua vida, você vai ver.

Depois, virando-se para sair, fingiu um *Ciáo* amistoso para nós dois.

Assim que Cláudio saiu, Lenny me perguntou se tinha havido alguma coisa.

— Nada, disse coisas sem importância, bobagens.

— Te fez alguma ameaça?

— Não. Tudo normal.

Lenny me pegou pelo braço e retornamos à mesa.

O jantar foi servido e eu não consegui comer uma garfada. Lenny comendo sofregamente insistia comigo:

— Coma. Deixe de ser boba. Será que você não vê que não está sozinha e que eu não vou deixar acontecer nada com você?

De fato eu não estava sozinha naquele momento, mas como seria quando Lenny não estivesse por perto? Voltou-me à cabeça o que havia acontecido com Roque. "Será possível que isso torne a acontecer em minha vida? Não. Não pode ser. Com Cláudio foi diferente, houve amor entre nós, sua ameaça é baseada no ciúme."

Mas nem por isso deixei de sentir medo.

Nessa noite, embora Lenny tivesse dormido em minha casa, me neguei a dormir com ele. Achava que, fazendo esse sacrifício, estaria magicamente afastando a ameaça de Cláudio.

A partir de então, tendo me transferido para o Rio por alguns meses, onde fui fazer *Society em baby-doll* com um novo elenco, perdi Cláudio de vista, assim como Henry, que já havia começado um novo romance.

Passado um ano, numa noite em que voltei a São Paulo para comparecer a um churrasco ao ar livre, oferecido por um crítico de cinema, é que revi Cláudio. Ele me pareceu física e psicologicamente bem. Ao me ver cumprimentou-me com naturalidade e continuou misturado aos demais. Passado um tempo, se aproximou de mim dizendo que gostaria de saber como eu estava. E assim, conversando, percebi que ele havia nos encaminhado para um recanto afastado e escuro. Estranhei e perguntei:

— Por que é que precisamos ficar longe dos outros pra conversar?

— Pra ficarmos mais à vontade.

Assim que perdemos todos os outros de vista, ele cortou bruscamente a conversa ao meio para dizer:

— Vamos sair daqui agora, quero dormir contigo.

— Você está louco? Por que me enganou? Por que fingiu estar natural e agora me vem com essa?

— Vamos dar o fora daqui, quero te mostrar meu apartamento e dormir contigo.

— Não vou. Não aceito essa forma de tratamento.

Ao acabar de dizer isso, senti um aço frio encostar na minha barriga. Era a ponta de um punhal. Fiquei perplexa. Era inacreditável que, depois de tanto tempo, ele ainda tivesse esse tipo de comportamento comigo. Fiquei tão indignada que reafirmei o que havia dito:

— Não vou. Não aceito esse tipo de ameaça.

Pensei em gritar e chamar alguém. Ele percebeu minha intenção e avisou:

— Se você abrir a boca pra chamar alguém eu te varo antes com este punhal.

E fincou mais forte a ponta da arma em minha carne.

Tentei dissuadi-lo de outra forma:

— Por favor, Cláudio, isso que você está fazendo é injusto. Pense. Você sabe que estou vivendo com outro. Você também já anda com outras. Não entendo por que essa atitude.

— Chega de papo. Já disse que você vai dormir comigo agora. Depois te deixo em paz.

Quando vi que ele não estava disposto a me soltar, continuando a fincar a ponta do punhal na minha barriga, apelei para outro argumento:

— Está bem, eu vou fazer tua vontade, mas não hoje. Só te peço que deixe para amanhã. Hoje não quero, não dá. Eu durmo contigo, mas te peço, por favor, que deixe para amanhã.

— Até lá, você pode sumir.

— De que adiantaria eu sumir? Então eu já não sei como você é? Estou só pedindo um pouco de consideração. Amanhã te encontro à hora que você quiser, pode marcar já.

— Quem me garante que você vai?

— Eu mesma. Não sou louca de deixar de cumprir uma promessa que estou fazendo a você. Posso te fazer um juramento. Você sabe o quanto respeito a memória do meu pai. Eu juro por ele que amanhã te encontro, onde e à hora que você quiser.

Alguém que estava à procura dele nos descobriu na penumbra. Cláudio evitou que a pessoa se aproximasse dizendo à distância:

— Já estou indo. Volte pra festa que já vou pra lá. Estou só acabando de resolver um assunto.

Desencostou o punhal da minha barriga e, guardando-o ostensivamente à minha frente, disse:

— Amanhã às 3 da tarde, no Fazano da Avenida Paulista.

— Combinado.

Ao voltar para o meio dos outros chamei imediatamente Marcos, um nosso amigo comum, e pedi:

— Me leva já daqui. O Cláudio bebeu e começou a dar uma daquelas. Não posso ficar aqui nem mais um minuto.

Seu amigo não demorou em atender meu pedido. Pegou na direção do meu carro para me levar. No meio do caminho contei tudo o que tinha acontecido e que estava com uma preocupação maior:

— Tenho medo de ficar em casa sozinha. Pode lhe dar na telha e vir atrás de mim ainda hoje. O mais seguro seria dormir fora.

— Não precisa. Eu lhe faço companhia em tua casa, até você se acalmar, e se quiser fico até amanhã.

— Está bem.

Ficamos no último quarto do apartamento, de onde a luz não podia ser vista de fora. Já era madrugada, quando a campainha tocou.

Entrei em pânico, e Marcos interveio:

— Fique quieta. Deixe ele insistir. Depois de um tempo vai pensar que você por medo for dormir fora.

Depois de insistir várias vezes a campainha silenciou. Mas nem por isso fiquei tranqüila. Às 7:30 achamos que nada mais podia acontecer e Marcos se despediu.

Às oito chegou o porteiro para me perguntar se estava tudo em ordem, porque uma hora antes, quando começou a limpar o edifício tinha encontrado o "Sr. Cláudio" deitado no chão, diante da minha porta.

Escondi meu espanto e lhe disse que devia estar num sono profundo pois não tinha ouvido a campainha tocar.

— Pois é — falou ele — eu acordei o Sr. Cláudio e disse que a senhora não devia estar em casa. Então ele foi embora.

— Obrigada.

Fiquei pensando no que teria acontecido se Marcos tivesse saído um pouco antes e os dois tivessem se encontrado. Fiquei depois me debatendo entre a idéia de ir ou não ir ao encontro de Cláudio, à tarde. Mas eu sabia que não podia faltar, seria pior. Fiquei planejando um modo de me defender caso ele tentasse alguma violência. Chamei um amigo e expliquei-lhe a situação.

— Vou ter que ir de qualquer jeito. Você nos segue de longe e fica em frente do edifício, do outro lado da rua. Se houver alguma coisa eu dou um jeito de fazer algum sinal pela janela.

Tudo combinado, compareci ao Fazano. Cláudio, sentado, me esperava. Estava tranqüilo e não parecia a mesma pessoa ameaçadora da noite anterior. Conversamos sobre nós, nosso trabalho. Achei que diante de sua mudança ele dispensaria a exigência. Mas, sem perder a amabilidade, depois de pedir a conta falou:

— Vamos.

Levou-me até seu apartamento. Depois de mostrá-lo, fechou as cortinas e veio para mim. Eu tive o cuidado de ir para o encontro bastante descuidada a fim de ajudar a desfazer qualquer encanto que ainda pudesse ter por mim. Enquanto ele me possuía, eu só conseguia pensar em como deveria agir com relação a Lenny. Não poderia contar-lhe jamais. Cláudio também não parecia estar vibrando tanto quanto sempre vibrou.

Logo depois, quando lhe disse que precisava ir, ele me surpreendeu: abriu a porta simplesmente e falou ao se despedir:

— Agora sou eu quem vai cumprir a promessa de te deixar em paz.

Senti que ele estava sendo sincero e que seu ato não tinha passado de um capricho final de vingança.

Voltei a experimentar com Lenny um pouco de tranqüilidade. Visto do ângulo convencional, ele e eu formávamos um casal invejável. Éramos ambos considerados jovens, belos e com um futuro promissor.

Mas, apesar de estar vivendo, finalmente, uma relação amorosa sem qualquer espécie de culpa, ameaça ou opressão, a angústia continuava a perturbar minha paz assumindo diferentes formas.

Embora Lenny quisesse me ajudar, eu sentia que ele só podia acompanhar a abstração do meu sofrimento até onde sua saúde mental permitia. E ele era extremamente sadio. Havia momentos em que, com todo o seu empenho, ele não conseguia acompanhar os labirintos obscuros e movediços do meu mundo interior.

Comecei a empreender nesse tempo várias viagens. Umas por necessidade de trabalho, outras na esperança de escapar da angústia, me livrando do meio ambiente.

A partir daqui passo a relatar minhas experiências tais quais foram vividas na época em que, para me aliviar, as registrava numa espécie de diário.

Trechos de um Diário

Rio, 59

Que fazer? Sinto uma vontade enorme de construir uma coisa mas não sei bem o que seja. Devo partir e ir em frente sem medo de comentários. Ainda hoje, vendo Marlene Dietrich ensaiar no Copacabana Palace, pensei: "pra sobreviver ela tem que continuar a lutar. Agora se apresenta cantando. Se dependesse só do cinema não poderia mais estar atuando. Mesmo essa mulher que já conseguiu tudo o que quis, tem ainda que ensaiar, trabalhar arduamente. A glória vem ao lado da pertinácia". A coisa que mais me impressionou vendo-a ensaiar esta tarde foi observar o desgaste do corpo humano. O envelhecimento me parece menos aceitável que a morte. As pessoas deveriam conservar o esplendor físico até a morte. Penso que eu também dentro de certo tempo terei que enfrentar esse problema. O que mais me choca é o ar de triunfo que certas pessoas têm ao constatar o envelhecimento alheio. Observo os olhares de gozação dos homens, como se fossem imunes à ação do tempo. Eles não têm o menor respeito pela essência da mulher. Quando será que eles vão se mancar que não são diferentes das mulheres?

Rio, 59

Eu. Essa pobre coisa que se esforça por sentir-se gente, mas no fundo sabe muito bem o que é. Não passa de uma bastarda sem eira nem beira. Às vezes seus pobres feitos no teatro ou no cinema parecem atenuar um pouco a situação. Mas quando se percebe entre coisas que realmente valem e pesam, vê sua verdadeira significação: zero à esquerda. Estou vendo um vidro de perfume. Fico pensando. Esse vidro poderia se chamar de ampulheta, aquele velho medidor do tempo. Ganhei-o há onze meses. Parece incrível que tenha se passado tanto tempo. Mas passou. Uma parte do vidro está vazia. A parte com perfume demonstra o tempo ainda a viver. Quando estiver inteiramente vazio talvez já se tenham passado mais outros tantos meses e nada terá aparecido para me demonstrar que vivo por alguma razão justificável. Hoje amei o jovem pianista de Marlene Dietrich. Parece que além disso é seu amante também. É belo, inteligente, sensível. Diferente da idéia que eu fazia de um homem americano. Ele me amou e foi divino. Fiquei com vontade de viver. Esta noite haverá uma recepção em homenagem a Marlene. Ele não poderá me levar porque é seu acompanhante oficial. Perguntou se nos veríamos lá. Sem explicar o motivo disse-lhe que não: não fui convidada. Terei que encontrá-lo mais tarde ou amanhã. Fico pensando: no momento sou talvez a atriz de cinema do Brasil mais conhecida e no entanto isso não significa nada. Será que aqui a mulher só é reconhecida se for um produto estrangeiro ou se estiver acompanhada por um homem de prestígio? Claro que sim. Mas não aceito essa regra. Não arredarei pé de minha posição.

Rio, 26.5.59

Copacabana. Dá-me a impressão de uma prostituta tão apetitosa que os homens de tanto usá-la gastaram-na antes do tempo. Consegue ainda iludir o visitante com seus contornos e artifícios de maquilagem. Vista a certa distância, como deste terraço de hotel de luxo, ainda parece bela. Mas de perto dá pena. A praia está se tornando infreqüentável. Estão transformando este pedaço de paraíso em inferno. A massa invade-a, violenta-a e a abandona estuprada ao fim do dia. É uma pobre enjeitada, feita nas coxas. Seus edifícios novos, que horror! Que crimes de construção! Suas *kitchenettes* e banheiros foram feitos para uma sub-raça. Quanto absurdo e desumanidade. Que roupas feias e porcas por baixo de vestido tão reluzente.

Buenos Aires, 30.3.60

Volto a escrever depois de quase um mês de Argentina. Voaram os quinze dias do Festival de Mar del Prata, que passei em lua-de-mel com Lenny. Mas ele teve que voltar ao Brasil. Por azar, fiquei doente e acamada por uma semana. Nunca senti tanto tédio e saudade de tudo. Como é horrível estar numa terra estranha, principalmente quando não se tem afinidade nem com a natureza nem com sua gente. Não me agrada ficar nesta terra, embora ela me receba melhor do que a minha própria. Sinto-a triste e sombria. É um país que esbanja espaço e, por conseguinte, o tempo também é esbanjado para se vencer as distâncias entre um lugar e outro. O aeroporto fica a uma hora e meia da cidade, e é tão grande que, de um departamento a outro, se tem que andar de veículo. Não me sinto bem aqui, tenho a impressão que é uma terra abandonada, não obstante seja bem cuidada. É tudo plano e cinzento, as pessoas inclusive. Estou participando de um filme que está pondo minha paciência à prova. As pessoas aqui vivem a passo de lesma. É incrível, mas em três noites de doze horas de trabalho, fiz apenas sete tomadas. É o recorde da lentidão. Além do mais, não há por perto de mim nenhum homem por quem me interesse, o que tornaria menos penosa a situação. É insuportável ter-se um amor longe e agüentar sozinha a estranheza das coisas. Hoje é quarta-feira. Estou filmando à noite, num hangar, a bordo de um avião parado. Que solidão a minha, apesar de haver tanta gente à minha volta! Este aeroporto me parece tétrico a esta hora, não tem movimento, parece abandonado. Estou ouvindo rumores de que a câmera está com defeito. Além do filme ser rodado com lentidão, ainda mais essa. Os minutos são como séculos. Me sinto tão sufocada que tenho a impressão de que vou estourar. Como é irônica a vida de um ator: vive constantemente outros personagens, em locais que não quer, à hora que não deseja. A verdade é que não é somente o desejo de fama que leva o ator a situações sacrificadas, mas também a necessidade econômica. Amanhã deverei voltar a este terrível aeroporto. Nunca o tempo custou tanto a passar. Olho o rosto dos outros e reparo que ninguém tem ansiedade, todos estão tranqüilos e conformados. Não tolero tanta insipidez, quero viver de modo mais intenso. Os únicos momentos em que não meço a duração do tempo são os gastos no amor. Vácuo. Vácuo. Até agora, este é meu trabalho melhor pago, mas também o mais penoso. Sinto-me como se estivesse aprisionada.

Buenos Aires, 31.3.60

Cá estou novamente neste colossal aeroporto, suportando a lenta preparação de uma filmagem. Hoje, a vinda para aqui foi mais agradável, pois saímos à tardinha, e ainda havia sol. Aliás, devo dizer que a estrada de Buenos Aires até o aeroporto é lindíssima. Com grandes parques e recantos de árvores de toda espécie, ladeando a estrada. De tantos a tantos quilômetros, há sempre uma pequena casa, em estilo normando, onde habitam os jardineiros que cuidam da vegetação. Foi lindo ver a luz já tênue do sol infiltrando-se por entre as árvores e dourando a planície imensa, de relva tenra e uniforme. Aproveitei o percurso para expandir a sensação de beleza que essa visão me causou cantando para mim mesma as músicas que amo. Penso que terei de suportar mais uns quinze ou vinte dias longe de Lenny. Ontem, quase estourei de nervos. Hoje me sinto ligeiramente melhor, não sei se devido ao tempo, que está mais alegre. Mas, daqui a pouco, irei enfrentar as delongas do filme cujo conteúdo não me entusiasma sob nenhum aspecto. Foram me buscar no hotel às dezessete horas. Já é meia-noite e só fiz duas tomadas. Agora estão filmando outra atriz num exterior do aeroporto. Estive lendo uma revista argentina e vi duas reportagens que me chamaram a atenção. Uma sobre *Dolce Vita*, filme que espero ver com ansiedade pois, além de apreciar o trabalho de Fellini, tenho especial curiosidade pelo tema da *Via Veneto*, que freqüentei, por dois meses, dividida entre o deslumbramento e o espanto. Tenho quase certeza de que Fellini, com sua capacidade de captar e transmitir, irá confirmar o mundo paralelo que eu pressentia existir junto àquela grandiosidade e ostentação. A outra reportagem trazia uma foto de Ava Gardner com Onassis e Grace Kelly. Penso que ambas têm a mesma profissão que a minha. Elas pertencem, porém, a um país superdesenvolvido que tem justamente o cinema como uma de suas maiores potências. Por conseguinte, nele a situação de uma atriz cinematográfica é o oposto à daqui. Por isso, creio que a meta que me dispus atingir está absolutamente fora do meu alcance por uma simples questão geográfica. Mas lutarei até o fim.

São Paulo, 2.6.60

Há cinco dias, todas as tardes, estou posando para um retrato a óleo com que Lenny quer me presentear, pintado por um amigo seu. Isso tem me cansado bastante. Fico horas inerte, dando asas à imaginação. Tive uma noite péssima de vigília. Dormi de modo estranho: dormi acordada. Vivi duplamente as horas da noite, pois, enquanto dormia, também sentia tudo ao meu redor. Há ocasiões em que as antenas do meu raciocínio adquirem tamanha força que não consigo desligá-las nem com o auxílio de soníferos. Quando amanhece, estou com o corpo cansado e fico em estado de torpor. Sinto-me no vácuo e sem a mínima disposição de viver. Não consigo praticar nem mesmo a simples rotina de levantar, escovar os dentes, tomar banho e café, começar um novo dia, enfim. Não tenho vontade de nada e de ninguém. Procuro um modo de bastar-me. Fico com horror de ouvir a voz de alguém falando perto de mim ou para mim. Atordoa-me, enerva-me. Gostaria de integrar-me no cosmo, no nada. Não consigo atinar com a razão da existência. Permaneço nesse estado até à noite. Abstraio-me totalmente em minhas divagações e, quando alguém me fala, me limito a ficar imóvel, fingindo ouvir. Acho tudo inútil. Sinto que, sem querer, firo as pessoas com meu alheamento nessas ocasiões. Hoje saíram duas reportagens sobre mim em revistas importantes. Quando estou nesse estado nada disso serve para diminuir minha auto-anulação. Ao contrário, passo a achar as fotos horríveis, exibindo ângulos ruins e imperfeições da pele. Julgo, então, que não sou mais fotografável, que a velhice está me consumindo e que nada poderei fazer contra ela. Abala-me ver publicadas fotografias cujos ângulos não aprecio. Tenho a impressão de que vão destruir a ilusão que as pessoas têm a meu respeito. Se leio algum artigo elogioso, no entanto, fico apreensiva, achando que não o mereço e supondo que as pessoas, que não foram elogiadas, sofrendo essa injustiça, lutarão para me aniquilar.

São Paulo, 13.8.60

Hoje tive um dia de ansiedade esperando resposta sobre um programa de televisão que me propus fazer. Como não veio, comecei a ficar em pânico. À noite, fui ao cinema com Lenny, mas não conseguia fixar a atenção no que via, preocupada com a concretização do programa, tão necessário à minha sobrevivência. Preocupava-me também em como adquirir um gravador para treinar minha voz. Após o cinema, fomos a um restaurante iugoslavo. Todos os outros estavam fechados, por ser dia dos estudantes. Ao chegarmos fiquei irritada com a dificuldade de sermos admitidos na casa, tendo o porteiro que falar com o proprietário para este constatar se não éramos suspeitos. Chamei Lenny e disse-lhe que preferia ver outro filme, que há muito queria assistir. Mas, quando chegamos lá, o programa já havia sido mudado. O filme que estava em cartaz não me interessava. Mas Lenny quis entrar assim mesmo. Fiz sua vontade com a condição de sairmos em quinze minutos, se me aborrecesse. Era um filme de batalha misturado com *western*.

Chavão americano. Desagradou-me logo no começo. Lá vinha Gary Cooper com aquela imutável atitude de herói embutido. Sua silhueta fina e comprida, a maneira de andar e de falar, me impacientaram como tudo mais no filme. Eu seria capaz de prever tudo quanto iria acontecer, era desnecessário continuar na sala. Pus-me a me mexer na cadeira, demonstrando impaciência, reclamando assim a promessa de sair. Lenny tentou me convencer a ficar, mas minha neurastenia já começava a beirar a histeria e ele resolveu sair. Voltamos ao mesmo restaurante e, lá também, tudo me irritava. A aparência, a cozinha, o proprietário, a música, os garçons. Lenny percebeu meu descontrole e, com paciência, cuidou de amenizar a situação, não me contradizendo em nada. Eu tinha necessidade de desabafar minha contrariedade de alguma forma. Reconheço que se tivesse ido a esse restaurante com outro estado de espírito, talvez até o achasse pitoresco.

É estranho como os músicos de restaurantes me provocam piedade. Alguns restaurantes europeus ainda conservam o costume de ter violinistas, que tocam ao redor dos fregueses, ou um pianista que fica fazendo fundo musical. Sempre que os vejo não consigo deixar de refletir sobre a sorte deles. Quase todos têm o mesmo ar de mártires complacentes e solícitos. Dão-me tanta pena que perco a disposição de comer. É possível até que se sintam felizes. Mas é mania minha avaliar o sofrimento dos outros através de minhas emoções.

Pedi vinho para ver se diminuía um pouco o nervosismo. Como geralmente ocorre, quando me encontro em estado de neurastenia aguda, se não choro para descarregar a tensão, de repente, num segundo, tudo se transforma e se desloca para o extremo oposto: ponho-me, então, a rir descontroladamente de tudo que antes me irritava. Procurei compensar Lenny daquelas horas desagradáveis com

uma avalanche de carinhos. Saímos do restaurante e fomos para casa. Consegui expulsar a mulher tensa e deixar-me existir apenas como fêmea. Amamo-nos com voracidade. Quando seu corpo caiu cansado sobre o meu, murmurando palavras de amor, tive uma crise de choro. Lenny pediu-me que lhe explicasse a razão. Enquanto me acariciava agora como a uma criança, dizia não entender como, depois de me ter entregue com tanto abandono, pudesse estar em seguida chorando. Não era a primeira vez que isso acontecia. Na verdade, eu mesma ignoro a causa. Quando estou muito emotiva e sinto prazer, total comunhão com um homem, caio nessa espécie de sufocamento. Não sei se por sentir plena sensação de felicidade e ter consciência de que ela não é definitiva ou se por relacioná-la, automaticamente, com a morte de meu pai. Relembro toda a sua triste existência e suicídio. Será que choro de piedade dele? Ou de autocomiseração pelo desespero em que me vi com a sua morte? Possivelmente eu ligue o amor à morte. Tenho a impressão de que não tenho direito à felicidade e, ainda, de que, se alguém resvalar em mim, morrerá fatalmente, como aconteceu com ele. Lenny me pedia para revelar alguma coisa do que se passava em minha cabeça para poder me ajudar. Como tenho total confiança nele, acabei narrando certas passagens que jamais contei a quem quer que fosse. Não sei por que, mas não gosto de partilhar minhas amarguras com ninguém. Parece-me que as estou vulgarizando, porque ninguém poderá entender as coisas que vivi da mesma forma que eu. E acho que, quando alguém se dispõe a ouvir uma mágoa alheia, é mais por curiosidade do que pelo desejo de compartilhá-la.
Ficamos até de madrugada trocando impressões e, aos poucos, fui me acalmando. Mudei de ânimo, descarreguei um pouco o peso da amargura e nos amamos outra vez.

Rio, 10.60

Há anos venho tentando descobrir por que tenho tanta necessidade de me realizar e de me completar. Será como artista, como mulher ou como ser? Como mulher, suponho que não, porque já senti várias vezes a felicidade do amor, o que diminui bastante a angústia, mas não chega a excluí-la. Se não cheguei, até agora, a aceitar o casamento é pela certeza de que ele, apenas, não me livrará dessa ânsia de procura. Se me dedicasse a ajudar os necessitados certamente aliviaria meu sentimento de culpa, mas creio que isso também não me bastaria. Não sei se estou à procura da verdade ou de uma realização artística, mas sinto que há, dentro de mim, alguma coisa querendo explodir. Talvez eu me torne mais angustiada quando estou inativa, justamente por não ter nenhuma válvula de escape. Tudo é apreendido e armazenado dentro de mim e fico como um instrumento que vibra ao mais leve sopro. Estou há anos nessa procura, mas apenas consigo chegar perto do que procuro; nunca me realizo por inteiro. O tempo está me advertindo, a cada minuto, de que não posso mais tatear.

Ano 60, sem dia e mês registrados

Depois de um dia terrivelmente nervoso como o de hoje, em que devo ter trocado, desde que me levantei, apenas três palavras com a empregada, Lenny irrompeu em minha casa. Como sempre, vinha cheio de ânimo e de vida. Sua chegada foi como o estrondo de um avião a jato, a poucos palmos de distância. Levei alguns minutos para me refazer do choque que a vitalidade de sua presença me causou. Trouxe-me uma revista com uma reportagem sobre mim. Fiquei revoltada com as fotos publicadas e, no entanto, fui eu mesma que as dei ao repórter. Quer dizer que, hoje, as julgo ruins, coisa que não aconteceu no outro dia, senão não as teria entregue. Não compreendo. Como, no momento, estou inativa, deveria me dar por satisfeita por estar saindo, constantemente, matéria a meu respeito. Afinal, o ator vive disso. Mas minha reação é contrária por vários motivos. Primeiro, porque a reportagem não retrata a verdade em nada, torna-me banal aos olhos de quem a lê. Se eu lesse igual texto sobre outra pessoa, teria o maior desprezo por ela. Segundo, quanto mais me promoverem, mais depressa se enjoarão de mim. Ou, então, estarei ativando a inveja ou a revolta dos outros, destruindo-me, de algum modo. Em suma, o ideal seria permanecer inativa, obscura, morta, para não me expor a perigos. Deparei agora com um retrato meu que outro artista, amigo de Lenny, acabou de pintar. Gosto da composição e das cores, mas não das feições. Tem no rosto umas sombras que me incomodam, que o tornam tenso, marcado, como realmente é. Fico contendo minha contrariedade, enquanto vejo Lenny jantar à minha frente. Não gosto de ver ninguém comendo, principalmente com voracidade. Os ruídos da mastigação e da deglutição são verdadeiras torturas para mim. Procuro sair de perto para não explodir. Mas ele insiste em que fique ao seu lado. De repente, dá-se uma reversão em meu estado, e o choro, que estava para irromper, transforma-se em gargalhada. Meus olhos se encheram de lágrimas de tanto rir desatinadamente de tudo. Precisei me esforçar para que a gargalhada não se transformasse em pranto, para não assustar ainda mais a Lenny, que já estava me olhando com estranheza.

Estou com dor de cabeça e falta de ânimo para viver. Quero ficar aqui. Há dias estou fechada dentro deste apartamento, sem coragem de sair. Quando o faço, como outro dia, para ir ao teatro, sofro mil emoções provocadas pela peça, pelo que se passa fora dela e com os colegas de palco. Começo a achá-los conformados, por se satisfazerem com aquela rotina religiosa, e ingênuos, por pensarem que estão se auto-realizando através da representação. Na verdade, estão emprestando suas vidas aos personagens de outros autores.

Rio, julho de 1960

Oh, exasperante e fatigante espera! Se estivesse em estado são, ninguém me prenderia entre estas quatro paredes, matando a existência já curta. Sairia pelas ruas, urraria. Alguém me ouviria, algo haveria de aparecer para me tirar desta penosa sufocação. Se não me encontro em estado perfeito de saúde mental, é por minha própria culpa. Sempre menosprezo o que possuo. Somente quando estou prestes a perder é que considero o valor do que tenho. Odeio-me, mas hei de achar um meio de me tolerar um pouco mais. Já estou fatigada de lutar, noite e dia, contra mim mesma. Preciso corrigir-me e perder o medo das coisas, tolerar-me. Ah, se eu pudesse sair hoje pelas ruas e integrar-me com a humanidade! Sair, falar, ver, conversar, sentir que ainda palpita vida à minha volta. Necessito de carinho, muito carinho, muita assistência, preciso chorar muito, preciso que me acalentem e me consolem, preciso de colo enfim. No entanto, eu mesma evitei que alguém viesse fazê-lo, para não me depreciar, expondo-me neste estado de depressão e também para cultivar meu sofrimento.

Rio, 19.5.60

Há dias venho sendo convidada por uma revista famosa para tirar fotografias, mas acabava sempre adiando. Finalmente, ficou marcado para hoje. Sentia-me horrível, de corpo e alma, não tinha a menor vontade de ser fotografada. Mas sei que isso é fundamental na minha profissão. Quis adiar mais uma vez. O fotógrafo, porém, me informou que, se não comparecesse hoje, não seria mais possível. Com a fisionomia contrariada, carregada e tensa, revolvi tomar alguns calmantes para ver se transformava o meu estado. E transformei. Subitamente, se apossou de mim uma outra personalidade. Uma personalidade que permitiu que me submetesse ao gosto do fotógrafo, exibindo-me em poses *sexy*, mesmo consciente de que não era a isso que me propunha. Como as fotos eram batidas na rua, começou a formar uma pequena aglomeração ao meu redor. Estava vestida indecentemente e o fotógrafo impunha-me poses escandalosas e vulgares. Violentei-me terrivelmente fazendo-lhe a vontade. Já vesti roupas bem mais sumárias, mas para viver um personagem; como eu mesma, era a primeira vez que me deixava expor assim. Perguntei-me se me prestar a esse papel não era o mesmo que prostituir-me. Não me entendo: acho de mau gosto certas mulheres se exporem a esse tipo de vulgaridade e procedi do mesmo jeito. Fiquei num conflito terrível. Depois, ao encontrar Lenny, me senti indigna dele.

Rio, 26.5.60

Ao meu redor tudo é silêncio. Os objetos que vejo parecem me indagar a razão de sua existência. Por que estão aí, têm essa cor e essa forma? Me faço essas perguntas desde a hora em que acordo até quando consigo dormir. POR QUÊ? Estou numa cidade que não é a minha, numa casa que também não é minha. A única coisa para que tenho vivido é a fantasia. A insatisfação me persegue por onde quer que eu vá. Às vezes, alimento a ilusão de que, tomando um avião, mudando de lugar e de ambiente, possa me libertar. Mas em parte alguma a inquietação me abandona. Devo carregar em mim um enigma que não consigo decifrar. Tenho vontade de sair, caminhar, respirar, mas uma força me prende, e não deixa que eu me solte. Vontade de urrar, de ouvir, pelo menos, o eco de minha própria voz. Eu. Eu. Por que devo estar constantemente diante de mim mesma? Por que essa vibração interior e essa estagnação exterior? Queria vislumbrar uma luz que me orientasse. Necessito ir adiante, desafiar, caminhar. Vencer qualquer espécie de obstáculo. Aproximarme o máximo da perfeição.

Rio, 6.10.60

Sinto, desde ontem, um mal-estar que se assemelha à náusea. Vontade de completar-me em algo que não sei no que consiste. Creio que é necessidade de auto-realização. Mas que é essa auto-realização? Será que a encontrarei em minha profissão de atriz? Ultimamente tenho pensado muito no fenômeno do ator. Intriga-me constantemente a atividade à que me dedico. Não resta a menor dúvida que é uma profissão que exige vaidade e exibicionismo. Por que essa necessidade de sobressair? Às vezes chego à conclusão de que os atores o são mais por vaidade do que por vocação. A carreira de atriz de cinema é a mais contraditória. A importância de um ator de cinema baseia-se mais nos acontecimentos de sua vida privada do que na qualidade do trabalho que ele apresenta.

São Paulo, 10.10.60

Sinto-me terrivelmente magoada com os acontecimentos que envolvem minha apresentação como cantora na televisão. Sinceramente, eu que tenho uma autocrítica excessiva, sei que não me saí mal. O programa foi mais do que apresentável, pelo menos em comparação à maioria dos que tenho visto. Afinal, o próprio João Gilberto me deu a idéia de cantar e mesmo gravar um disco, logo que cheguei da Itália e mostrei a ele as músicas que tinha trazido. Ele gostava de ouvi-las acompanhando-me ao violão. Mas parece que ele é o único instrumentista que tem prazer em acompanhar minha voz. Todos os outros parecem ter ódio de fazê-lo. A crítica de três jornais me põe defeitos. Uma delas diz que eu devia ser mais discreta na maneira de vestir, porque o horário era familiar. Os títulos das outras se encarregavam de me dar a antevisão dos textos. Evitei lê-los para não aumentar minha insegurança. Eu já sabia que os críticos não perdoariam minha ousadia. Criticam-me, antes de tudo, por passar para um novo modo de expressão, quando já sou considerada e prestigiada como intérprete dramática. Nesta terra, portanto, fazer mais de uma coisa, em vez de ajudar, atrapalha. Pensam que já tenho muito e não toleram o fato de eu querer mais. Se soubessem o pouco que tenho, e como as aparências enganam... Apesar de compreender que o importante é o que posso expressar, e não o que os outros querem que expresse, esses comentários me produzem insegurança e eu, já enfraquecida, fico sem forças para lutar. Invejo as pessoas que têm confiança em si mesmas e continuam inalteradas mesmo diante das críticas. Por estar me dedicando a um trabalho que gosto e antever novas perspectivas artísticas e financeiras vinha me sentindo melhor de espírito nestes últimos dias. Mas já sei que, diante dessas primeiras oposições, intimamente já me decidi a desistir. Por medo.

Rio, 23.10.60

O tempo devia ter parado naquele instante em que olhava o início do anoitecer, quando uma brisa suave refrescava minha pele queimada pelo sol. Deviam ser seis horas. As cores no céu estavam genialmente combinadas. A luz que entrava em meu quarto dava a impressão de fundir meu canto terreno com a imensidão celeste. Senti uma espécie de embriaguez. A beleza me faz feliz. Hoje me fez. Era uma felicidade que parecia me elevar, que me deixava sem peso. Tive a sensação de que, se quisesse, poderia desmaterializar-me e integrar-me no cosmo. Desejei ser uma nuvem para cobrir as coisas que amo. Ou uma brisa para acariciar as pessoas que amo. Não trocaria nenhuma glória pela beleza que presenciei nessa tarde.

São Paulo, 11.11.60

Acordei num desses dias que não deviam existir. Eu era vácuo dentro do vácuo. Nada. Eu não tinha sentido e nada ao meu redor tampouco. Os móveis me eram estranhos, as paredes, a atmosfera, minha empregada, tudo. Apenas um peso me sufocava. Minhas idéias, acumuladas, se atravancavam na ânsia de se libertarem. Mas, sendo tão numerosas e confusas, não conseguia me fixar em nenhuma. Somente o peso no peito, e o gosto amargo na boca, me davam a sensação de existir. A mais longínqua lembrança de ternura me fazia explodir em lágrimas. Começo a sentir uma leve onda lânguida invadir meu corpo. Parece que somente a presença física do meu homem poderia agora materializar-me. Se ele estivesse aqui, o amaria até o esgotamento. Até vir o cansaço e o sono. Para fugir dessas horas insuportáveis.

São Paulo, 2.12.60

Observando as teclas da minha máquina de escrever, reparo como estão empoeiradas. Passei alguns dias no Rio e percebo que a empregada não acreditou na minha volta. A máquina não vê um pano de pó há muitos dias. Isso me faz lembrar do tempo, coisa que detesto. A simples poeira depositada nestas teclas me força a refletir sobre a existência inteira. Sei que sou insatisfeita, que procuro algo que ignoro, que vivo me debatendo no vácuo sem encontrar ressonância, que me sinto imersa num oceano de conflitos que, segundo a segundo, o mundo me apresenta. E que sinto às vezes um lampejo de vida, uma vontade de aproveitar a existência. Mas o que é aproveitar a existência? É abismar-se na diversão ou no trabalho até esquecê-la? Ou é refletir sobre ela e vivê-la interiormente nas suas infinitas possibilidades? Estou escrevendo estas linhas atrapalhadamente. Não sei se, em outro dia, conseguirei colocar as letras nos devidos lugares. Explico: estou um pouco tonta; ignoro se pela bebida ou se pelo desarvoramento em que me encontro. Bêbada. Tomei uma garrafa de cerveja. Foi o quanto bastou para me deixar assim. Por aí posso medir como é vazia a minha existência. Há pessoas que necessitam de litros de álcool para provar o desprendimento que estou sentindo neste instante. Entrei às três horas da manhã, em plena escuridão, no prédio onde moro, e não tive medo de nada, nem do escuro, nem de gente, de assaltantes ou de fantasmas. Será preciso um estado anormal para eu atingir o estado normal dos outros? Ao escrever essa última frase, um certo frio atravessou meu corpo, por que não confessar? É o velho medo que me persegue. Medo do escuro. Ao afirmar que não tivera medo, senti medo por tê-lo revelado. Deu-me a sensação de ter violado uma coisa intocável e portanto ser castigada. Deixo a máquina por uns momentos e acendo todas as luzes da casa. Quero uma iluminação feérica, quero sentir, ao menos, que tenho a proteção da luz artificial, já que me falta a humana. Não creio em ninguém. O fato é que estou sozinha em meu apartamento, às três e meia da manhã. E não há nada que me impeça de fazer qualquer loucura, mesmo a de dar fim à vida. Sei que se resolvesse fazê-lo ninguém viria me acudir. Não seria uma tentativa de suicídio. Eu morreria mesmo. Amanhã o telefone tocaria e ninguém viria pessoalmente para me procurar. Estou separada do meu namorado há algum tempo. Quero fugir à necessidade do amor e refugio-me num mundo fictício. Cheguei há pouco de um bar, onde procurei me misturar ao barulho da música, à confusão das pessoas e das idéias, que aparecem tão gratuitamente quanto desaparecem nesses lugares. Na verdade estou escrevendo porque estou sem o homem que amo perto. Senão não estaria gastando tempo em conjecturas. A carne. Atualmente o amor e a carne são as duas únicas forças que me chamam à vida. Como a carne pode ser tão importante para mim, se tenho uma espiritualidade tão grande? Acabo de olhar pela janela. As luzes da rua já se apagaram. Vejo a silhueta dos arranha-céus e uma lua cheia prateando tudo. Lembrei-me, então, de uma noite, sob um luar como esse, em que, estirada na areia de São Conrado, ouvi meu irmão de alma e de pele, Tom Jobim, criando uma canção para aquele momento de beleza. Estou sentindo dor na nuca. Deve ser o cansaço misturado ao sono. Vou vomitar essa cerveja e tentar dormir. Vou tentar esquecer...

7.12.60

Hoje, andando pela cidade de carro, estalou em minha cabeça a possível causa da minha insatisfação: um amante é pouco pra mim. Não dá pra consumir todas as energias que tenho. Somente na fase aguda da paixão é que um amante me basta. Não que o meu atual seja insatisfatório em calor e potência, ao contrário. Porém, passo períodos como o presente, em que a simples lembrança das cenas eróticas vividas com ele me excitam para a prática de outras. Não entendo. Em vez de me aplacar, a repetição me leva a querer mais. Cheguei à conclusão de que no momento necessito de mais um homem. Embora o meu me satisfaça afetiva e sexualmente, necessito de alguém com uma mente mais complexa, mais inquieta, com um grau de sensibilidade que corresponda à minha.

20.12.60

Vejo-me atirada no abismo e sem querer me livrar dele. Pelo contrário, com vontade de aprofundar-me nele até me transformar em sombra. Pressinto que minha carreira não tem sentido nesta terra. Preciso encontrar algo que torne útil minha existência. Não suporto mais desperdiçar as minhas possibilidades por falta de condição do cinema brasileiro. Estou desanimada, vendo tantas coisas que poderiam ser feitas e que não o são por falta de capacidade, sensibilidade e visão dos diretores.

31.1.61

A minha profissão às vezes assume caráter de verdadeira mendicância. Minhas economias estão encurtando e, à noite, não durmo, preocupada, tentando descobrir meios de me sustentar. Não consigo me apoiar em nada seguro. Sinto-me como uma folha solta, à mercê dos ventos. Acho uma injustiça me encontrar nessa situação, que aos olhos dos outros, parece privilegiada. Já lutei tanto que minhas forças estão se esgotando. Vejo-me sozinha, sem ocupação, com dinheiro apenas para as despesas necessárias e me corroendo de vontade de, ao menos, criar, atuar, trabalhar. Ao mesmo tempo, tenho desejo de abandonar tudo, de desertar, de ir para uma ilha deserta, isolada da civilização. E lá ficar só com a natureza, e morrer no nada, como nasci.

23.4.61

A angústia tem me perseguido e, ontem e hoje, acabou por me tragar. Atingi um estado cujo nome ignoro e nem acredito que haja palavras para defini-lo. Posso garantir que ultrapassa, de longe, o estado de angústia. É um estado em que já nem consigo sofrer ambições, desenganos, nem ver sentido em nada. Equivale à morte. Para escrever estas linhas foram necessárias várias injeções artificiais de estímulo. Tomei inúmeros cafés fortes, me banhei em água fria, tentei ouvir música. Queria alguma coisa que me ligasse ao mundo em que vivo fisicamente. Nessas condições, nem no amor, que é o único lenitivo da minha existência, consigo ancorar. Não consigo ver sentido em nada. O vôo de Gagárin passou a ocupar meu pensamento ultimamente. O espaço me fascina e me amedronta. Imagino o que ele terá sentido sabendo-se único no espaço, isolado do mundo e dos homens. Deve ser igual à sensação que muitas vezes experimento ao me sentir só, sem apoio e sem ninguém.

Rio, 29.2.61 – 3 h da madrugada

Não consigo pegar no sono. Sinto-me solta, boiando no espaço sem encontrar o ponto de referência que me ligue ao mundo. A humanidade me assusta. Tenho medo da aproximação das pessoas, mormente das conformadas e sem caráter. Invejo as que se adaptam tranqüilamente sem se atormentar com perguntas. Para fugir à solidão tento, às vezes, misturar-me a elas, mas o resultado é desastroso. Minhas reações só fazem aumentar a distância entre nós. Não atino por que estou no mundo. Sinto tanta força dentro de mim e não encontro em que exteriorizá-la. Por isso, ficam incubadas no meu íntimo. Tenho a impressão de que o mundo está regredindo a jato. Sua escala de valores é absurda e seus erros estão se tornando mais nítidos a cada segundo que passa. A publicidade é o maior veneno para deturpar a realidade. As notícias não são mais transmitidas, mas usadas. As pessoas se entendem cada vez menos e se ludibriam mais. É a era da mentira. O caos aumenta a olhos vistos. Para ajudar a suportar minhas dúvidas e ânsia de verdade, já tomei o terceiro comprimido.
Gostaria de praticar uma ação violenta ao invés de me manter nesta atitude passiva, camuflando a tensão elétrica que se esconde sob minha pele.

Rio, 28.3.61

Passei uma tarde nauseante. Horas discutindo o preço do meu trabalho num filme da Atlântida. Cansei-me até à impaciência reivindicando um salário razoável. No meio do interminável matraquear do diretor comercial, explicando as razões por que eram obrigados a pagar tão pouco aos atores, visualizei a cena como uma pessoa que a observasse de fora. Quem nos conhece através da publicidade fantasiosa jamais poderia supor que os contratos, que julgam "invejáveis", na maioria das vezes são resolvidos em escuras e estreitas salinhas, por negociantes com vocação para mascates. Era, afinal, o retrato do cinema brasileiro. Com raras exceções, essas cenas são sempre as mesmas: choradeiras, desculpas, chantagem, enfim. Sabem que se recusarmos suas imposições não tardará a aparecer quem se submeta. Não há organização ou sindicato que estabeleça, pelo menos, as regras básicas para a profissão de ator. Depois de fazer onze filmes, continuo na mesma situação financeira de quando comecei. Preferi abrir mão dos meus direitos só para pôr fim àquela mesquinharia. Eles exploram a situação atual, que os favorece, e se aproveitam dela como qualquer outro comerciante. A verdade é que o nosso cinema está nas mãos de pessoas erradas.

Rio, 1.8.61

De repente me vejo na estaca zero. Tenho que recomeçar tudo, como se nada tivesse feito até hoje. Sou obrigada a reconhecer que, no meu país, a carreira artística não oferece a menor garantia de sobrevivência. Fiz cinco filmes no ano passado, praticamente todos os que foram produzidos e, no entanto, quatro meses depois, me encontro sem perspectivas e com as finanças nas últimas. Isso ocorre comigo, que tive a sorte de participar de tantos filmes seguidos. Mas a verdade é que não consigo subsistir com a renda deles. Que devo esperar então dessa profissão? As únicas recompensas que nos oferecem são os cumprimentos na noite da estréia e sermos reconhecidos na rua. O que significa muito pouco para mim. Tenho lutado pelo ideal de trabalhar num filme digno, em que pudesse aplicar todo o meu potencial. Porém tem sido inútil. Esfalfei-me em todos, dei o máximo do que podia em cada um deles, mas todos apresentavam alguma falha. Com uma exceção, nenhum, até agora, me trouxe inteira compensação artística. Cheguei à conclusão de que o ator é uma parcela muito pequena no conjunto de um filme. O cinema é uma arte complexa, que não depende de uma coisa ou de uma pessoa, mas da junção de vários fatores e valores individuais positivos. Se mesmo os países cinematograficamente desenvolvidos ainda falham em seus resultados, imagine o que não se passa com o nosso, que luta com todo tipo de dificuldades: dificuldades financeiras, técnicas e humanas, mas sobretudo financeiras. Restar-me-ia fazer teatro. É certo que o teatro está bem mais evoluído atualmente. Assim, dá maior satisfação ao ator interpretar uma peça teatral onde seu talento não é desperdiçado por maus diretores. Porém, para dar vida ao personagem todos os dias, sofro um desgaste emocional que me liquida mentalmente. Gostaria de descobrir o que se passa com os outros atores. Pergunto-me se ser ator é a arte de transmitir emocionando-se, ou transmitir sem sentir. Eu, pelo menos, para convencer o público, preciso emocionar-me, viver o personagem. Pensando em todos esses fatores, estou arquitetando outra vez o plano de cantar, visto que sempre amei a música. Mas isso me traz um problema. Já fiz uma experiência. Por ser atriz de mérito reconhecido, ao me voltar para outra atividade artística, serei alvo de toda a sorte de críticas. Uma pessoa desconhecida, que apresentasse as mesmas qualidades de cantora que eu, seria facilmente aceita. Mas comigo não será assim. Mesmo que eu tenha qualidades, isso não evitará que me tachem de pretensiosa. O medo dessas críticas me causa insegurança e entrava certas experiências minhas que poderiam dar certo. Tenho a impressão de que me sentiria mais feliz cantando.

Rio, fins de 61

Algumas considerações que me ocorrem ao tentar desvendar os motivos do meu desequilíbrio nervoso: para chegar a aceitar a idéia de procurar, outra vez, um psicanalista, muitos sofrimentos e torturas tive de suportar. Somente em última instância, quando já não encontro ressonância dos meus sentimentos nem nas pessoas que amo ou respeito, quando vejo que ninguém poderá entender meus problemas, é que admito a idéia de ir ao psicanalista. Mas ao admiti-la, outra espécie de dúvida me atormenta: de que adiantará? Não acredito que um ser humano seja capaz de me arrancar das torturas a que estou exposta e, se o fosse, tomaria tanto tempo que, quando eu conseguisse a libertação, já estaria impossibilitada de usufruí-la. A única pessoa em quem confio é em mim mesma. Se, com minha capacidade de observar e raciocinar, não consigo encontrar uma saída, como outro poderá consegui-lo? Comprovo, diariamente, que minhas observações e intuições a respeito das coisas e das pessoas não falham. Como é que, podendo analisar tão bem os outros, não posso fazê-lo em relação a mim mesma? E, se chegasse a modificar-me, não perderia minha personalidade e a minha força para certas coisas? Não me tornaria uma pessoa alheia às belezas do mundo, insensível, medíocre? Não carregarei esse tormento por algum desígnio superior?

Rio, fins de 61

Sintomas mais evidentes que sinto:
Pela primeira vez tive que recusar um filme porque estava economicamente a zero. Assim, aceitei trabalhar no *show* "Skindô", que me pagava, apenas pelo ensaio, o que o *Pa-*

gador de promessas me oferecia pelo filme inteiro. No *show* apareço cantando apenas uma música, a que cantei num filme. E tenho que reconhecer que se apareço fazendo só isso é por minha própria culpa. Mesmo tendo percebido que pela desorganização não definiam o que eu tinha a fazer, não tomei nenhuma atitude. Nem ao menos a de perguntar por que haviam me chamado e para que estavam me pagando se não havia nada previsto para eu fazer. Mas fiquei quieta porque, para mim, aceitar o mal sempre foi mais fácil do que aceitar o bem. Eu não entendo. Da mesma maneira que eu não quero existir, quero aparecer. Optei pelo *show* não só pelo dinheiro como também porque achava que ia me dar mais cartaz, já que sei, por experiência, que um filme sério, por melhor que seja, não tem espectadores, pois o público hostiliza o nosso cinema. A outra razão pela qual aceitei foi a de ficar ao lado de Lenny, que atualmente trabalha no Rio. Portanto, agora, não tenho problema financeiro nem amoroso. Mas isso não me livra da angústia que, no momento, está me atormentando da seguinte forma: desde que desperto, passo a reviver mentalmente minha atuação no *show* da noite anterior, imaginando que poderia ter agido, desta ou daquela forma, para me sentir *solta* em cena. Mas não adianta, porque no momento real da minha apresentação, uma espécie de *couraça* se apossa de mim e me impede de fazer qualquer movimento espontâneo. Ao se aproximar a hora do espetáculo, minha tensão aumenta e não consigo me alimentar. Saio de casa para o *show* como um soldado que parte para a batalha, certo de que seus minutos estão contados, batalha da qual não adianta fugir porque a deserção resultará em igual castigo. No carro, a caminho do espetáculo, tenho a tentação de provocar um acidente para poder, assim, me livrar dessa tortura. Outras vezes, antes de entrar nos bastidores, vou até à beira do mar para aspirar a maresia, que sempre teve o poder de estimular minhas energias. Mas, ao invés disso, sinto-me atraída pela escuridão da noite e tentada a penetrar no mar até desaparecer dentro dele. Antes de entrar no Copacabana Palace, tento me reanimar, absorvendo a atmosfera viva que a luminosidade da fachada, dos cartazes e do movimento das pessoas sugere. Mas esses sinais de vida só fazem aumentar minha desolação. Dentro dos bastidores, a visão da porta do meu camarim e dos corredores que conduzem até ele me traz a mesma sensação de desalento que me transmitiam as paredes nuas do orfanato de freiras. Tenho ímpetos de fugir correndo mas, ao encontrar meus colegas, finjo estar no mesmo mundo que eles. Invejo-os, por se sentirem animados e envaidecidos de se exibirem logo mais. Escondida, tomo um tranqüilizante para atenuar minha tensão, ou engulo uma dose de *cognac* para ver se consigo algum ânimo. Mas nada consegue me tirar do meu estado. Quando me dirijo para o palco é como se estivesse caminhando para o cadafalso. Isso seria explicável nos primeiros dias, em que havia real insegurança por falta de ensaios, mas, passado tanto tempo, é injustificável. Em cena, além de me sentir imediatamente dominada pela couraça que me impede os movimentos e a total soltura da voz, procuro também anular minha visão, porque, se enxergo um rosto na platéia, não consigo mais concentrar-me no que estou fazendo; perco-me imaginando, através da sua expressão, qual o julgamento que estará fazendo de mim. Só uma noite consegui me desvencilhar dessas perturbações e atuar *livremente*. A reação do público foi tão receptiva que me deu certeza de que a *coisa* estava dentro de mim e não na platéia, como às vezes supunha. Devo esclarecer que o que me propiciou esse estado de liberdade foi o fato de ter passado esse dia inteiro chorando ate o esgotamento e, pela primeira vez, ter ido para o *show* esvaziada de qualquer peso, como se todo ele tivesse sido expurgado através do choro. Nessa noite, o diretor do espetáculo veio me elogiar. O primeiro pensamento que tive foi o de que, na próxima exibição, eu podia não corresponder, e ele, decepcionado, arranjaria um meio de se livrar de mim. Como previa, no dia seguinte, tive minha pior atuação. Quando o espetáculo termina — justamente quando não é mais necessário — fico tomada por uma grande onda de vitalidade, que me acompanha noite afora, obrigando-me a usá-la na imaginação, e impedindo-me de dormir.

No dia seguinte, amanheço com o corpo cansado e fico inerte na cama. Não consigo sequer cuidar de mim. Não tenho forças para sair e fazer as compras necessárias. Perco toda a vaidade. Não me fixo em nada, a não ser em minha luta interior. A verdade é que só consigo fazer uma coisa sem sofrimento quando não estou interessada nela ou quando não me traga nenhum proveito. Fisicamente, já estou começando a sentir alguns sintomas desagradáveis como o pulsar descompassado do coração, quando se aproxima algo que desejo. Enfim, quando tenho que cantar, minha garganta seca; quando preciso filmar cedo, não consigo dormir; quando devo posar para fotografias, amanheço com uma espinha ou alguma mancha alérgica no rosto. Se tivesse que dançar, minhas pernas afrouxariam. Afora o convívio com meu homem, tenho vivido em solidão. A voz das pessoas, falando perto de mim, soa como um alarido que fere minha sensibilidade. O movimento das ruas me tonteia, me dá ímpetos de gritar e fugir. Sinto-me constantemente atordoada. Incomoda-me ser notada, olhada. Saio sempre de óculos escuros e *écharpe* na cabeça, para evitar que me reconheçam. Procuro lugares onde não há gente.

Percebo que estou incapacitada, cada vez mais, de me comunicar com o mundo exterior. Nem mesmo o amor está conseguindo mais me livrar da angústia. Tantas evidências me convenceram de que há algo de especial comigo, algo que não posso resolver sozinha. O único meio que vislumbro como uma possível saída é a psicanálise, embora não creia nela. Ou o suicídio, mas também já ficou comprovado que não tenho suficiente coragem para praticá-lo. Senão já o teria feito. Vou procurar meu analista HOJE MESMO.

Este livro foi composto na tipologia Zapf Calligraphic, em corpo 11/15, e impresso em papel Offset 90g/m² no Sistema Cameron da Divisão Gráfica da Distribuidora Record.